長白山森林文化・上冊

弘揚長白山文化
打響吉林特色地域文化品牌

王儒林

　　吉林有文化，而且吉林文化有底蘊、有潛力、有特色、有希望。從前郭縣王府屯距今約一百萬年的石製工具到距今十六萬年的樺甸仙人洞和距今三萬年的榆樹人，從燕趙文化東進到漢武帝設四郡，從扶餘、高句麗、渤海文明的興衰更替到遼金、清朝問鼎中原，從抗日烽火、解放硝煙到新中國老工業基地的紅色記憶，從二人轉、吉劇、長影到吉林期刊、吉林歌舞和吉林電視劇現象，勤勞智慧、淳樸善良、勇於開拓的吉林人民在白山松水間創造出絢麗多彩的地域文化，成為中國文化版圖上一道獨特風景。

　　文化與山素來結緣，正如泰山之於魯，嵩山之於豫，黃山之於皖，長白山是吉林的象徵、吉林的品牌。吉林文化始終與長白山難捨難分、血脈相連，集中體現於長白山文化之中。長白山文化發源和根植於吉林沃土，是包容吉林各民族文化、蘊含吉林發展歷史、反映吉林人性格特質、凸顯吉林氣派的「大文化」；是中華民族「多元一體」文化的重要組成部分，源遠流長、博大精深，構成了吉林文化的骨骼和脊樑。在地域文化越來越受到人們關注、文化軟實力越來越成為衡量一個地區核心競爭力的重要指標的當今時代，大力弘揚作為吉林文化標誌性符號的長白山文化，把這份寶貴的文化資源保護好、挖掘好、利用好、開發好，對於打響吉林特色地域文化品牌，鑄造極具時代內涵的吉林精神，提升吉林文化軟實力，凝聚吉林改革發展正能量，無疑具有十分重要的現實意義。

近年來，我省大力推進以優秀吉林地域文化為主要內容的長白山文化建設，出台了《長白山文化建設規劃綱要》，啟動實施了長白山文化建設工程，在長白山文化資源保護研究、挖掘整理、開發利用等方面做了大量工作，取得了顯著成績。我們要進一步加強長白山文化理論研究，豐富長白山文化內核和外延，進一步加強長白山文化遺產的發掘、保護和展示推介力度，擴大長白山文化的影響力，進一步加強對長白山文化內涵的拓展和提升，把長白山文化資源更好地轉化為文化產品、文化事業和文化產業，推動長白山文化建設躍上新台階，推動吉林文化大發展大繁榮，為實現富民強省目標、中華民族偉大復興、中國夢做出貢獻。深入挖掘、研究、整理長白山歷史文化，既是一項宏大浩繁的系統工程，又是一項功在當代、利在千秋的基礎工程。希望有更多有識、有志之士投身長白山文化建設事業，讓這份寶貴的文化資源更好地服務於當代，惠澤於未來。

由省委宣傳部組織編撰的《長白山文化書庫》系列叢書，是長白山文化建設工程的重要標誌性成果。叢書從基礎研究、地方特色、主要藝術門類三部分，對長白山文化的歷史資源進行了全面細緻的挖掘和整理，堪稱長白山文化研究與普及的鴻篇巨製，不僅對研究和宣傳長白山文化大有裨益，而且對培育吉林文化品牌、樹立吉林文化形象也將產生積極的促進作用。在叢書即將付梓之際，謹表祝賀並向全體工作人員致以問候。

主編寄語

莊嚴

　　長白山文化是吉林文化的代表性符號，是吉林文化的品牌和形象，是吉林人民的驕傲和自豪。

　　一直以來，省委、省政府高度重視長白山文化建設，制定出台《吉林省長白山文化建設規劃綱要》，並把實施長白山文化建設工程列入省委常委會工作要點，把吉林省歷史文化資源工程列入宣傳思想文化工作「六大工程」之一。二〇一三年十月三十日，省委書記王儒林在全省宣傳思想工作會議上，就長白山文化建設做出重要指示，指出要對長白山文化相關依據、內容和源頭性、交匯性、包容性、剛毅性等特點做深度的挖掘、做科學的闡釋，賦予時代精神，把長白山文化的魅力和精髓傳承好、發展好、宣傳好。

　　近年來，全省宣傳文化戰線共同推動長白山文化建設工程，眾多專家學者對長白山文化進行了大量的研究、論證，積累了蔚為大觀的成果，長白山主題文藝創作繁榮，長白山歷史文化資源保護進展顯著，長白山文化研究成果豐富，長白山文化傳播與宣傳影響漸升。我們編撰出版《長白山文化書庫》，其目的正在於全面總結歸納長白山文化建設成果，挖掘和梳理長白山文化資源，提煉當代長白山文化精髓和實質，為深入研究、豐富、提升和利用長白山文化，搭建可資借鑑的基礎資料寶庫。

　　《長白山文化書庫》是吉林歷史上首部全面系統論述長白山文化的大型叢書。全面論述了長白山文化的基本概念、基本體系和基本問題，闡發了長白山

文化的主要內涵和特徵，展現了長白山文化的形成與發展過程和豐厚的文化資源，揭示了長白山文化的屬性和特質，體現了吉林特色文化的悠久豐厚和異彩紛呈，展示了長白山文化的博大精深和獨特魅力，對長白山文化的未來進行了前瞻和戰略性思考。

文化如光，照亮前程；文化如水，潤物無聲。只有融合了時代精神的長白山文化，才能成為文化吉林日新月異的力量之源。因此，我們要堅持歷史傳承與現代創新相結合，傳統特色和時代特徵相融合，堅持保護與豐富並重，管理與開發並重，挖掘與提升並重，「物化」與「活化」並重，科學系統梳理文化資源，讓收藏在博物館的文物、陳列在廣闊大地上的遺產、書寫在古籍裡的文字都活起來，努力塑造「文化吉林」形象，展現「吉林文化」風采，深度挖掘和激活地域歷史文化資源的歷史價值、科學價值、經濟價值和社會價值，不斷推動長白山文化可持續發展，使其得到傳播弘揚。

希望《長白山文化書庫》的出版發行，使更多的人對長白山文化的整體面貌有所瞭解，進而讓更多的人關注長白山文化，熱愛長白山文化，投身到長白山文化建設中來，為長白山文化的發展繁榮和美好未來貢獻力量。

目
録

第一章——

伐　木

山場子活

伐木，就是把大樹伐下、伐倒，又叫「採伐」，做這個的人叫伐木人。

在地球北部的森林中，在長白山裡，這些人被稱為「拔大毛的」，或「放大毛的」，又稱「做大木頭的」。毛，指樹，又叫「毛材」，是指一棵完整的樹。

約五億年前，地球發生了喜馬拉雅和海裡造山運動，歐亞大陸驟然崛起，火山爆發，長白山脈形成，在久遠的歲月之中，草木逐漸在荒涼的石土上長起，形成了森林，森林給人類帶來了生機，給荒落帶來了人煙。當人類依靠林木而生存的時候，採伐也便悄然開始了。長白山採伐歷史十分久遠，據考古挖掘記載，遠在石器時代吉林就有了「採伐」活動，在今和龍市曾出土過黑曜石鋸，而據碳-14 確定，約三千年前在今吉林的烏拉街一帶就有人使鐵鋸進行森林採伐。

我國古代的元明時期，土人曾對長白山的木材進行過開發，據《長白林業志》載，清康熙十六年（1677 年）和乾隆四十一年（1776 年）清政府兩次對長白山區封禁，得以形成長白山周圍的原始森林，鴨綠江流域自帽兒山（臨江）起至二十四道溝中國一側，森林茂密，鬱鬱蔥蔥。到清同治元年（1862年）山東流民相繼進入鴨綠江流域，從事採參、伐木及其他農事活動。光緒六年（1880 年）後，封禁的土地、圍場陸續開放，小量的採伐業逐漸開始。光緒十八年（1892 年）清地方官吏與木商訂立合同，以二十萬資金成立「木植公司」，在東邊道（通化一帶）從事採伐、貸款及徵收木稅等業務。「木植公司」將資金貸給料棧、把頭，施以保護，當時木業生產曾盛極一時。但經營不久，地方官吏便乘機飽營私囊，引起商民不滿，經營日趨消沉。光緒二十三年（1897 年）中俄合辦的「鴨綠江採木公司」在東邊道一帶把採伐伸向長白境內。此後興辦的採木組織有一九〇三年俄國建立的「極東公司」，派軍人馬德

羅夫駐通化，對長白山森林進行掠奪性採伐，其採伐區已經達到橫山一帶。中日合辦的「鴨綠江採木公司」設立前，從橫山經小寶溝到九終點就修有運材輕軌鐵道，按史料推算，當為俄商所修。清日商人合辦的「義盛公司」不甘居後，競相採伐。日俄戰爭之後，日本作為戰勝國接替了俄國人在鴨綠江流域的採伐事業，沿江開設軍用木材廠。光緒三十四年（1908 年）中日簽訂《鴨綠江採木公司章程》，確定開採長白山森林資源，其經營範圍，按章程規定為鴨綠江右岸，西起臨江的帽兒山，東到長白境內的二十四道溝，距江幹流六十華里以內，為公司的專採區。對界外森林的採伐，資金由公司貸給，所產木材由公司收買。中國地方官府建築、修築鐵路等所需木材，均由該公司供給。至此，鴨綠江渾江兩江長白山周圍的森林採伐權統歸日本，使長白山的大好森林遭受殘酷的掠奪。

當時，除官辦採伐組織外，民間採伐也很興盛，據宣統二年（1910 年）調查，七道溝溝長八十里，有木廠二十三處，年成排五十九張；八道溝溝長一八〇里，木商、把頭比比皆是。一九二四年統計長白境內有木廠一七七家，木把一二二二三人，年編排五六一張。據一九一九年鴨綠江採木公司編纂的《鴨綠江林業志》載：中華民國六年（1917 年）以前長白境內森林資源極為豐富，總蓄積量達二九五九九〇四三立方米。樹種齊全，有紅松、魚鱗松、臭松、落葉松、赤柏松、杜松、柞、榆、椴、曲柳、黃波欏、刺楸、楊、樺等，距江越近材質越好。由於官民競採，使森林遭受極大破壞。採木公司成立後，實行壟斷，排擠中國木商，致使大批華人木把失業。

東北淪陷時期，長白山的森林採伐，仍以中日合辦鴨綠江採木公司經營為主體，一九四〇年採木公司合同期滿，採木公司解體，又相繼成立了「鴨綠江採木組合」「山下林業會社出張所」「枯損木利用組合」「縣林業會社」等組織進行採伐。

當年的採伐和運輸主要是使用人力和簡單的工具進行的。到建國初期繼續使用人抬原木歸楞、裝車的採伐方式。一九六八年自營生產開始改用立桿式絞

盤機裝車。立桿是立一直徑二十四釐米、長十米豎桿的一個架作為主軸，再立吊物吊桿，吊桿長十四米，直徑二十四釐米，吊桿根部與主軸根部連接一起，上端斜立外張，經過滑輪用鋼絲繩連接絞盤機升降木材來裝車卸車。隨著原條（原木）生產的開始，山上楞場也改為單線纜索歸楞裝車了。

通過採伐，人類從這座大山帶走多少樹木呢？僅以《長白林業志》記載：長白山森林之採伐，在一九〇八年以前，除料棧把頭在沿江就近條件較好的地方採伐外，俄國在二十四道溝、橫山一帶，進行過大量採伐；日本在十九道溝以上設有軍用木材廠生產軍用木材，採伐量都無文字記載。鴨綠江採木公司成立後，採伐量逐年增加，於一九二五年前後達到極盛時期，年採伐量達十四萬立方米。其後雖在一九三六年前後又一次出現高峰，但是，由於林區漸遠，道路崎嶇，資源減少，採伐事業日趨衰退，據一九四四年《長白狀況》載，歷年採伐數量如下：

從前，森林採伐全是手工操作，即人力伐木、畜力集材、趕河流送。採伐季節都是在十月至翌年二月。採伐方法是先選樹，然後用斧子砍樹的根部，查看有無腐朽、瑕疵，如有彎曲、腐朽則不予採伐。接下來用鋸伐木。鋸分兩種，一種是大肚子鋸（二人用），一種是彎把鋸。

伐前找好樹倒的方向，鋸到一定程度，在鋸口對方用斧子「要楂」（打出一塊木片，以便樹的躺倒）。樹倒後，砍去枝丫，按規格留出掏眼部分鋸成「件子」。做「料子」的木材一般是「件子」集材到楞場後，按規格要求放線，用鐯子砍出四個平面等待串排，這種方法一直延續到一九三一年才被全部取消。從一九一六年開始推行日本編排法後，對伐倒的樹木用彎把鋸按原木規格鋸成件子。此法目前部分林場伐木中仍繼續使用。

樹伐倒後，接下來開始集材。集材就是把已伐的大樹「件子」集中到山上楞場。

集材時間，一般是積雪結冰之後，到冰雪融化為止，利用冰雪滑道轉運木材。採用的辦法有兩種，一種是畜力集材，使用疙瘩爬犁，用耕牛或馬牽引，

先用鐵扒環固定木材的一頭，以便閂繩套捆綁，將木材用吊繩綁繫在爬犁橫樑上。一張爬犁用兩至三頭牛，每張爬犁每次可拽一至二立方米。另一種方法是冰溝集材，利用山場坡度，使木材下滑到楞場（稱為山上楞場）。有時因山坡坡度平緩，則須用人力拽，稱之「跑小套」。

把山上楞場的木材運到中間楞場或編排場，這是樹木的遠途運輸了，這種運輸主要採取輕軌運材和牛馬吊子集運。輕軌運材，即利用地勢走向的自然坡降，鋪設輕便鐵軌，將木材裝在平車上，利用坡度自然向下方滑行，坡度平緩地帶還須藉助人力推，逆坡地帶用畜力牽引。每車可裝運木材四至八立方米。空車返回因都是上坡，用人推或用畜力拉。這種方式在二十道溝和十三道溝廣泛應用。牛馬吊子集運，即將木材兩端用斧子掏出方眼，用扒環釦子（即一米左右長的粗麻繩）將木材一截一截地串聯起來。可延續很長，用疙瘩爬犁畜力拽，遇下坡每次可運十至二十立方米，逆坡則變成數截多次倒運。運用這種方法的地方較多，主要是二十三道溝和八道溝。

在山場上進行伐木和水場子進行放排的人，統稱為「木把」。木把，是從事林業行當人的總稱，也稱為木幫，指以山林木材生產為活路的一個工種。

山場子活是指木幫們在山上把樹伐倒，指「做大木頭」吃「山場子」飯。

當年，「做大木頭的」木幫們的生活有哪些神祕和傳奇，我們要將他們的生活細緻地展現在人們的面前。這是一種極其生動的文化，沒有任何一種文化能與這種文化所記錄的反映東北地域文化的深度和廣度相比。

一、開　山

北方，是寒冷的代名詞。

這兒往往從九月起，寒風就漸漸吹乾了樹上的葉子和地上的草，嚴冬邁開大步向人間走來了。

這時，山場子木幫從事採伐的黃金季節也就開始了。而且，從當年十月至第二年的二月，大約要有四至五個月的時間要一直在山上勞作。東北，大約從

十月開始，紛紛揚揚的大雪就鋪天蓋地地飛落下來了，於是老木把們就自言自語地說「該開套了」。

開套，就是木幫們準備斧鋸繩索，以備把林中的原木從山上伐倒運下。

大雪一落，木幫進山。

進山，先要「開山」。開山，就是舉行一種儀式，告知山神爺（指老虎和山神），我們要進山了，要和大山「打打招呼」。打招呼，這是人類要感謝大自然給予人類「樹木」的一種感恩行為。人，要表達自己的謝意。首先，要殺豬。

古語曰：黑牛白馬祭蒼天。伐木人開山，也要選「黑毛豬」以示對老林的尊重。黑，指厚重、實惠，表示人對自然、對森林的誠意。

這時要請薩滿「跳神」，以祭祀神靈。

從前的採伐者，多是從中原闖關東來的單身漢子，都想從東北掙錢，然後回關裡的家過幸福生活，他們出山海關時，往往心裡都默默地叨念：

> 出了山海關，
>
> 兩眼淚漣漣，
>
> 今日離了家，
>
> 何日才得還？
>
> 一棵大樹兩吊半，
>
> 要用命來換！

伐木是苦活、險活，但掙錢，所以闖關東人都願意投奔山場子當木把。

伐木民間叫「開山」「動斧」，這是對自然的「驚動」。驚動自然不是一件小事，所以伐木者一定要先祭拜山神爺老把頭。老把頭據說是一個叫孫良的人。他也是挖參人的祖師爺。據說有一次他和兄弟在山上挖參，最後迷了路，死在山上成了精靈，於是保護放山和採伐的人們，這樣木幫們幹山場子活伐木

「開山」「動斧」之前，必須要先去他的墳前祭拜他。

1. 祭山把頭

　　據說從前山東萊陽有一個姓孫的，老兩口就一個兒子，取名叫孫良。這一年，萊陽一帶大旱，人們連草根和樹皮都吃光了，孫良聽說關東山出人參，就和家人商量要去闖關東，爹娘和媳婦聽說關東山高林密，死活不讓。可孫良是個有志氣的人，說幹啥就一定要辦成，家人只好給孫良湊了幾個錢，送他上路了。

　　孫良歷盡千辛萬苦，終於來到了長白山。老山裡數不盡的獐麅野鹿，奇花異草，把孫良樂得找根棍子一拄就放起山來。一個人「放山」，這叫「單搓」，他一連找了幾天也沒「開眼」。這天他正在林子裡走，突然看見前邊也有個放山的。深山裡人煙稀少，人見了人分外親。一打聽，這人也是山東萊陽人，叫張祿，二人就插草為香，結拜為生死弟兄，孫良比張祿大兩歲，孫良為兄張祿為弟。這張祿別看年齡比孫良小，可放山多年，很有經驗，他就教孫良什麼是幾品葉，什麼是「刺官棒」（一種假人參），還給孫良講人參精變大姑娘的故事。並給孫良講了許許多多善有善報、惡有惡報的傳說，在孫良心裡打下了深深的烙印。

　　這一天，孫良和張祿分頭出去溜趟子，約好三天回來見面。孫良走了一頭晌，在一個向陽坡上發現了一大片人參。他樂壞了，一口氣挖了好幾棵，又在那兒的樹上刻了「兆頭」（一種發現人參的記號），就捧著參回到窩棚裡等兄弟張祿。可是連等三天張祿也沒回來。孫良擔心兄弟出意外，就出去找人。

　　茫茫老林，他走啊走，找遍了大山各處；他找啊找，找遍了河溝坡岔；可是到處也不見兄弟的影。就這樣，孫良一直找了六六三十六天，連餓帶累，昏倒在一塊大臥牛石下。他醒來後，咬破手指在大石頭上這樣寫道：

家住萊陽本姓孫，

漂洋過海來挖參。

路上丟了好兄弟，

找不到兄弟不甘心。

三天吃了個蝲蝲蛄，

你說傷心不傷心。

今後有人來找我，

順著蛄河往上尋。

寫完，孫良就死在這塊臥牛石旁邊了。其實，他兄弟張祿也是走「麻達山」（迷路）最後死在山裡邊了。後來孫良就成了長白山裡的「老把頭神」，專門保護山裡的各種「勞動人」，放山、狩獵、伐木、放排、採集等等的人。

這其實是人們的一種傳說，但是每一個山裡的勞動者，特別是放山、挖參、伐木和放排的木把們，在開山動斧之前，一定要去祭祀他，不然是絕不可動斧的。

這種規俗已流傳了千百年了。伐木「開山」來祭祀的木把們還要不斷地講述從前孫良爺的恩德，就是企望神靈能幫助自己在伐採的過程之中平安和吉祥。

開山祭拜，要由把頭領著，在孫良的墳前擺好供品，點上香，倒上酒，然後跪倒磕頭說：

山神爺，老把頭，

俺們供養你來了。

看在俺是你徒弟的面上，

保佑俺們這一季順順當當的。

等木頭下了山，

俺們再來供奉你老把頭。

然後，才能帶上伐木的工具進山開鋸。

伐木的工具很多，如開山斧，一般是鐵、木結構。把長一米，粗〇點八釐米。鐵斧長十二釐米，刃長十六釐米，背厚〇點八釐米。

刀鋸，鐵木質，把長〇點六米，粗〇點九釐米，寬十二釐米。

小悠，一般是麻質的，長〇點五米，粗二釐米。

還有一種大掏鋸，俗名大肚子鋸，鐵質，木把，長一點二米，兩側寬十六釐米，中間肚寬二十六釐米。

掐勾、搬勾、爬犁、夾套、料袋、卡繩、套槓、小槓等等也要帶上。

有一種架凳，木質的，是用自然形成的樹枝丫做成的，一般高〇點七至〇點八米，粗〇點八至一點二釐米。

還有一種背筐，是用樹皮編制的，以便背進山時用的伐木工具和生活用品。

2. 祭樹

祭祀完老把頭神，準備好了工具，接著伐木人「開」進大山，一場更加隆重的儀式還在等著伐木人。

進山後的第一個步驟，先要「祭樹」。

祭樹，先要「選神樹」。

選神樹，是在山場子不遠的地方，選一棵又直又高的樹，一般是紅松，用來「掛紅」。這棵「掛紅」的大樹，就像徵著進山後的「山神」之位。

這裡要是山場子上的一塊平地，看上去順當、好看才行。給人以「眼亮」（土話——順眼）的感覺。

而且，「開山」的伐木人，還要早早地買來鞭炮、燒紙，準備祭祀用。還要在出發的駐地門前的雪地上插上「二踢腳」（一種兩響的鞭炮）並帶上成捆的紙錢。

林場子的「山神之位」旁的樹上，也要掛上「紅」。這紅是指「小鞭」（成掛的鞭炮）。「掛紅」千萬不能用釘子來釘，要用銅錢來固定紅布。因為「釘」

和「定」幾乎同音。

而「定」，指固定、不動、不擴展之意。如果開山伐樹一固定，就說明這一季沒前（錢）途、不順利、不吉祥。所以，不能用釘子來釘紅。

而這個活，要由把頭親自動手。

釘完之後，把頭宣佈：現在開始「擺供」⋯⋯

3. 擺供

擺供很有說道和講究，上山不能不帶整豬，要帶豬頭和豬爪，這表示是一隻全豬。「全」，指「有頭有尾」。

有頭，指從開山進山而去；有尾，指順順當當而歸，是「全」的完整意念。人要完整去，人又要完整而歸，說明不缺誰少誰。

擺供，非常講究供物的名稱和種類。除了豬頭、豬爪之外，還要擺六樣水果，這叫六六大順。六，是中國民間重要的信仰習俗。六，又有「留」住福氣運氣之說。

六樣供果要分兩大類，也就是麵食和水果。

麵食，一般是包子、饅頭、月餅之類的民間供奉的代表性食品（有時也用糕點、爐果、八件、芙蓉糕、槽子糕，等等），但千萬不能擺雞蛋、糖球之類的「圓」的食品（饅頭除外）。因為「蛋」有「滾蛋」之意，「糖球」有滾動、滾球之嫌。伐木最忌諱的就是「滾」字和「滾」音。

滾，說明伐樹出了危險，滾坡了。這意味著「傷人」，所以堅決不提。

水果也擺三樣，與食品一起組合成「六」的數字。

水果供品一般是蘋果、香蕉、橘子等。但絕不可以擺「梨」或「桃」。因為梨和「離」同音，這意味著伐木人離開了「人世」，是極不吉祥的預兆，不能擺。而桃，又和「逃」同音。逃，意味著逃跑、逃難。是指出了大事或不幸，人要逃跑、逃亡等意，所以不吉祥。

當擺好供，二把頭（和大把頭一樣，是負責山場子活的安全員。）要「叫山」。

叫山，是以拴著紅布的斧頭向「神樹」敲打三下。一邊敲打一邊說：

> 山神爺，老把頭，
>
> 你醒醒吧。
>
> 你該醒了。
>
> 我們要上山了，要採伐了。
>
> 告知您老一聲。
>
> 我們要動山了，動樹了，
>
> 請你開開山門，
>
> 俺們要進來了……

　　二把頭敲完樹，大把頭開始跪下，繼續整理一下供品，然後，他要宣佈「開山儀式」現在正式開始。

　　這時，山場子上的伐木人要整整齊齊地跪下。把頭喊祭詞：

> 山神爺，老把頭，
>
> 俺們要伐木了。
>
> 請你老人家開開山門，
>
> 我們進去伐木，
>
> 請你保佑我們順順當當的。
>
> 等我們這一季平平安安，
>
> 順順當當地下來，
>
> 再來祭祀你山神老把頭。

　　把頭每說一句，在下邊，大家都跟著說上一句。

　　然後，大把頭開始在樹前樹後給「神樹」倒酒，並點燃「紙錢」……

這時候，進山的木把們也爭先恐後地上前，開燒。

他們一邊燒，一邊默默地向山神祈福，主要是希望平安、順利、不出事⋯⋯

其實這種儀式在伐木人心中是一個深刻的提醒，讓大家注意安全。因為那是在一種莊嚴的場面上所反覆強調的事，意在讓人記住。這是一種巧妙的讓人記住重要囑咐的方式，是森林文化中的傳統文化。

一切都進行完畢，伐木人這才開始進山場子。那裡，神樹前靜靜的，彷彿一種寄託已經表達完畢，而且，人們充滿了信心，要走進山林，去從事伐木採伐了。

這種莊重的儀式從千百年前一直傳承至今天。

二、蓋窩棚

進山，伐木人要先蓋房子。哪裡有水、有木頭就在哪裡蓋房子、馬架子。

蓋房子要用原木（圓木）和青苔毛子、樹枝子等材料。馬架子俗名稱「霸王圈」，木頭刻成的，中間用青苔毛子堵在木卡房子的縫上，不漏泥，還挺暖和。

炕頭上先鋪松樹枝子，然後放上羊草，人在上邊睡。屋裡地當中的一口大鍋叫「盤地鍋」，盤地鍋扣過來，晚上留給木把們烤鞋和衣裳。

在山場子上，伐木人自己搭建的住處，其實都非常簡易，因為他們伐完這個場子，就會馬上離開，轉換到另一塊「伐場」去，可是，如果伐場子遠了，那就得搭蓋一些比較堅固的「窩棚」，人們稱為「大木刻楞子」窩棚。

三、古怪的鞋子

在山上伐木，木把們都得穿一種叫靰鞡的鞋，這種鞋寬鬆、暖和。但穿靰鞡就得絮靰鞡草。這活每人都得會。幹起來還得快。然後麻溜吃飯。在從前，伐木人很苦，他們吃的是窩頭和「沒腿大海米」（鹽豆）。吃飯只給十分鐘，吃不完的帶到山上，邊伐樹邊用火烤，窩頭梆梆硬，和石頭子差不多。

靰鞡是東北人的一種獨特的鞋子，特別是放山伐木者，必穿無疑。據說這種鞋是「皇封」的鞋。傳說有一年，乾隆東巡來到吉林烏拉，見這兒百姓腳裏一塊牛皮，用繩子一綁就走，他問：「這是什麼？」百姓說：「鞋。」乾隆一想，這地方「鞋」奇怪，反正也沒名，就叫「烏拉」吧，因吉林從前叫「烏拉」。可又因烏拉是地名，不能代替，於是後來就變成了「靰鞡」二字，是指用皮革做成的鞋。吉林當地有一條謎語說：「老頭老頭你別笑，破個悶你不知道，什麼解下它不走？繩子一綁它就跑？」說的就是木幫們穿的鞋靰鞡。

　　靰鞡，古籍已有記載。《奉天通志》載：「靰鞡，滿語革履也，通作靰鞡。往日瀋陽皇寺貯有太祖所御靰鞡。今人皆著之。」是指清太祖努爾哈赤穿過。

　　在松花江、鴨綠江、黑龍江和烏蘇里江一帶還有用魚皮製成的「烏拉」（靰鞡）。據《赫哲風俗志》（黃任遠著）載，從前有一個小夥子到巴彥瑪發（地主）家去做工。巴彥說：「小夥子，我這雙魚皮靰鞡送給你穿，你要是能在兩個月內穿破了，我就給你工錢，如果要穿不破，你就白幹。行嗎？」

　　小夥子一想，兩個月，別說魚皮的，就是鐵做的鞋子，也能讓我這雙大腳給它磨破哇，於是就爽快地答應說：「行。」

　　從此，小夥子天天幹活穿著這雙魚皮靰鞡。可是說也奇怪，眼看兩個月到了，這雙魚皮靰鞡還是好好的，而且一點兒破皮的地方都沒有。

　　小夥子很犯愁，如果穿不破，就掙不回錢養活爹娘，於是就偷偷地掉起了眼淚。巴彥家好心的女兒告訴他：「魚皮靰鞡不怕硬，就怕濕和熱乎的牛糞……」第二天，小夥子故意在牛糞上踩了幾下，晚上幹活回來低頭一看，靰鞡底上果然出現了兩個大窟窿。巴彥看了氣得直瞪眼，小夥子卻笑了。所以靰鞡怕軟不怕硬的特性木把都知道。

　　靰鞡又分大褶靰鞡和小褶靰鞡。前者產於烏拉丁，是八個褶；後者產於遼寧海城牛莊，是十個褶，裡邊當然都要絮靰鞡草。絮草費時間。所以把頭往往罵那些動作慢的小木把。木把多沒有家，都是單身，過年往往住在山裡的木房子裡，或者去山下找接人的旅店住，等「山場子」活一開始，再由「打扮人

的」（組織幹活的二把頭）把他們領上山去幹活，店錢由木場子（伐木場的掌櫃，也叫東家）派去的打扮人的給開付。

四、選　樹

雖然進山了，但開山的伐木人在山上勞作很講究伐頭一棵樹。

伐頭一棵樹，也要選樹。

據說，這是「北土老人」的告之。北土老人，是長白山裡的老樹神。選這棵樹，要從各種樹中去挑選。長白山林，各種樹木都有，而且種類繁多。

伐木是神聖的事業，所以要在這眾多的種類中選樹。

選樹主要是選樹的獨特種類，並且是有代表性的種類。一般是選樺、松、椴、水曲柳、黃波欏來伐，主要是這些樹長得高、大、直。這樣，可以預示著這一季的採伐順利、吉祥，能掙大錢。

五、喊　山

放頭一棵樹叫「開鋸」或「頭鋸」。頭一鋸放「順山倒」，以示「這一季」順順當當，平安無事。

木幫們幹山場子活特別辛苦，兩點鐘就得早起從大房子出來往場子上走。走十多里地，到山場子大毛星還沒退呢。林子裡一片漆黑，幹兩個鐘點也不見天亮。

只聽林子裡撲撲騰騰地響。黑夜放樹也來不及喊山，全憑耳朵和感覺，聽著風聲和動靜，要趕緊躲。手腳要利索，不然就砸你個肉餅。

從前採伐，條件非常簡陋，兩個人一組，快碼子大肚子鋸，一人一柄開山斧，那斧頭半尺寬的刃。兩人對著放，一個左撇子，一個右撇子，全憑熟練和膽大。

放每棵樹前先用開山斧砍砍樹的根部，查看一下有沒有腐朽、瑕疵，俗話叫「叫山」，如有一點兒彎曲，俗話叫「過性木」，不採不伐。林子大，木頭好，挑著做。採伐前先找好樹的倒向。大肚子鋸對面「掏」到一定程度，然後

在鋸口對方用斧子「要楂」（向鋸口方向砍出一個豁）。

要過楂，樹會發出「咔咔」的響聲，人憑這個，判斷樹的倒向和時辰，要及時地喊山。

喊山，其實是人與人之間的相互告慰，也是給對方「提個醒」。但也有人認為是對自然的一種回報，對神靈的一種祭祀。喊的人心中帶著一種虔誠，認為這是神靈送給人類的禮物，人要答謝。不管怎麼說，喊聲是人類在從事採伐生涯的久遠歷史中總結出來的一種重要的經驗和體會。這是一種非常壯觀的聲音，而幹活的平時則不許大聲說話。

喊山有三種：順山倒、排山倒和迎山倒。

伐樹喊山先喊「順山倒」。樹生長的地方往往是山坡，而且樹的根部傾斜山下，這樣樹在採伐後，一定會順著向山下倒去，順山倒的樹小頭朝下，樹根較平穩地連在樹墩上，下鋸下斧都可從容不迫，較平安保險。所以順山倒往往也是一種吉祥的表示，往往「開鋸」前或年節加上老把頭生日這天的一早一晚，都要先伐一棵「順山倒」，以示平安和吉順。

排山倒，是指樹橫著倒向山坡。

這種樹生長的地理位置往往是在不十分平坦的山林地帶，樹的根部在下，鋸後向兩邊斜去。這種倒法最易形成「羅圈掛」，也叫「吊死鬼」，是指放倒的樹同時幾棵壓在一棵樹上形成一個羅圈狀。這時，木把必須鑽進「羅圈」，將支撐的樹伐倒，但這活很危險。

對這樣的活，木幫歌謠中說：

> 鑽進羅圈套，
> 木把命難保。
> 伐倒大樹趕緊跑，
> 稍慢一步命報銷。

所以，排山倒往往也像徵著伐木人的命運不濟，要攤上「橫事」，不吉

利、不順當。其實，伐木人的命運時時在危難之中。他們自己給自己編的歌謠
說：

> 要吃「橫山」飯，就得拿命換。
> 走進木幫房，好似進牢房。
> 推起軲轆馬，險道滾大梁。
> 斷閘砸傷腿，甩車壓斷腸。
> 吃的橡子麵，咽的苦菜湯。
> 把頭掄棒打，財東似虎狼。
> 木把賣苦力，年年拉饑荒。
> 血淚流成河，幾人回故鄉。
> ⋯⋯

這是從前他們生活的真實寫照。

迎山倒，這裡指樹向山上倒去。這也是一種吉祥的象徵。這樣的樹往往根
部底下長，山的坡度較大。伐木人順從其長相和坡度，便形成了迎山倒。迎山
倒危險性小。

在森林裡從事採伐，天亮以後，木幫們開始喊山了。隨著喊聲，鋸聲和叮
叮噹噹的開山斧的聲響，林子裡的厚雪被倒樹拍起，漫天老林裡騰起濛濛的雪
霧，煙一樣在老林中瀰漫。

像古戰場的硝煙，像神祕的雲霧，把大山冰雪的故事一代一代地傳下去。

大樹伐倒，還要運下山去。

這就是採伐木頭的第二道工序。把倒木砍去枝枝杈杈、只剩下巨大的原木
本身，要根據山場子的不同地形，採用馬拉、人拖、順山滑動等種種方式集中
運到山下或江邊的「小楞場」，準備穿排流放。這個工序，山上叫「集材」，
民間稱為「抽林子」。木把的活計又簡單又繁雜，又得懂技術，又得有力氣，

反正是缺一樣也不行。伐木人走進老林子，人顯得十分渺小。大樹高大粗重，一落下，人就像一隻小螞蟻，無處躲藏。

而且，林中採伐，往往都是在嚴寒的冬季，大雪一房子多深，人在林子裡有時一轉眼不見了，原來是「掉」進雪窩子裡去了。

有時，能聽到人的說話聲，可是見不到人，人已經藏身深雪之中了。

六、抽林子

伐木有幾種形式，一種是伐完不用往山下運，承包給「套戶」們去運，也有伐木人自己把木頭運下山的。這樣的伐木活頭一樣是伐完要「抽林子」。

抽林子，顧名思義，就是把伐的木材，俗稱「件子」，往一個地方歸。這一切，全是在冰天雪地裡進行，而且抽林子是最危險的活計。

成山的原木堆在山上的雪臥子裡，要運到山下，使用的是一種叫「疙瘩套」的爬犁。抽林子之前，木把要根據地形把木頭順過來，大頭沖大頭，小頭歸小頭，粗細分別排列，然後由抽林子的人在一頭掏上眼，串上棕繩，繫好吊子，爬犁一來，搭上一頭便走。

爬犁有兩頭牛的也有三頭牛的。兩個人，一個在前邊牽牛，一個手拿「挖槓」，前後左右跑，不停地左右撥道，這就是抽林子。抽林子經常在下山時穩不住吊，俗稱跑坡。

跑坡就是爬犁下山時，由於衝力過大，牛穩不住，巨大的木頭從上而下直貫而來，往往人死畜亡，最後木把連屍體都尋不著。

七、放箭子車

與抽林子相同，放箭子車也是伐木人的一項重要活計。放箭子車是選好一定的山地，修上一條「雪道」，然後把木頭一件幾件地放上去，讓木頭依靠雪道一直滑到山下，這叫放箭子車。

這種運送方式比抽林子的疙瘩爬犁要快，但危險性更大。

首先，要修箭子道。

箭子道起處往往在山腰或山頂上。嚴冬，山裡本來雪就大，而山岡頂上風更硬更刺骨。修箭子道的人要起大早上山去清理夜間積下的冰雪。

老山裡，往往一夜間，大雪就覆蓋了一切。

刺骨的風，把雪凍得梆梆硬，一檁子一檁子地堆在山岡上，再也找不到昨夜修好的「箭子道」了。

木把手握刨鎬，手和鼻子都凍爛了，往往跪在雪窠子裡摳箭子道。

爹呀娘呀，在何方？木把們往往哭著喊著幹著幹著，就凍死在雪裡⋯⋯

木把們的棉衣褲成年是冰淋淋透心涼，木把到老都有爛腿病，一個個都爛得掉肉露骨頭。都是年輕時放山伐樹坐下的老病。

伐木的人到老，一個個牙都掉光了。

這是因為在山場上幹活，雖然冰天雪地，但他們往往渾身出汗，一出汗，人就渴，沒有水，就吃雪。雪涼嘴裡熱，一冷一熱，常了，把木把的牙口都凍壞了。所以有經驗的老木把在吃雪疙瘩前，先用手攥攥，濕潤一下雪團兒，再含到嘴裡⋯⋯

放箭子車最怕「起茬子」，就是箭子道上起了鼓，原木前頭被卡住而後邊的衝力太大，一下子射出去。那巨大的原木就像一支輕飄飄的箭，一下子穿進老林，頃刻間要了人的命。

一九一三年，漫江林場的箭子車出了事，在半里地外歸楞的二十一個木把頃刻間變成了血肉模糊的肉餅。在長白山裡，哪兒沒有木把們的白骨啊。

八、趕　河

把木材集到山下，還有一種方式叫趕河。趕河一般在冬末春初，當山上的積雪開始融化，溝溝岔岔的水也流動了，木把們把一個個「件子」放到水中，他們手握「把鉤」（一種三四米長，一頭帶一個鐵鉤的東西），木把或站在原木上，或在岸邊跟著走把這些木頭運送到大江邊。

趕河又叫放散羊。

長白山裡水資源十分豐富，溝溝岔岔都有水，於是生活在這裡的人們便學會了利用水。放散羊的歷史較早。從前，山民們也用這種辦法來運送木材。放散羊要求木幫之人要膽大心細，往往在一根一根的圓木上跳來跳去，不停地歸攏這些木頭，使它們不散幫。腳下稍一不穩，一條腿或身子就會順木而下，別的木頭一滾，人就變成了一片肉餅。常常有這樣的事情，方才還看到這人站在木頭上，一轉眼，人便無影無蹤了，掉進江水裡，便永別人世間。

把山裡的木材集中到山下邊的排場，這一切活計都叫山場子活。這就是俗話說的「開套」。幹完了「山場子」活叫「掐套」。

開套往往是秋冬十月。

掐套往往是年後二、三月。

套，指繩套。因山場子活離不開繩子。所以關東山歷年盛產煙麻，而山場子的木把和水場子的排夫，都離不開繩子。所以木把們不但是出力氣的，他們還得有相當不錯的技術，比如打繩子，就是他們必須要會的一門手藝。

把頭在挑木把時，往往問：「你開得了套嗎？」就是指你能自個兒打繩子嗎。如果你回答「自個兒開套」，他還要問師傅是誰，在家藝還是外來藝。

一個自己開套的木把工錢和別人不一樣；如果自己開不了套，就只能掙半拉子或小打的工錢。

九、放冰溝

放冰溝，民間又叫「放尾木」。在秋天時選好山景坡地，挑開兩三米寬的深溝，單等雪落。進入十一月，山上開始落雪了，秋天挖的土溝被厚厚的白雪覆蓋著。木把們跳進「溝」裡，把暄雪壓實，再不停地潑水，使溝底子上凍得梆梆硬，這叫冰溝。

溝的兩側用木頭砌起半米高的木牆，算做是冰溝的垛子。

這時，成山的木頭堆在山頂上，用爬犁拖不好走，只好用「冰溝」來溜放。

在寒冷的雪風中，冰溝閃著銀色的白光，錚亮錚亮的，看上去直刺眼。

冰溝的中間設「擋」。

擋是一種「順木」，一米多長，鑲在木楂的格子裡，一旦木頭飛得過快，立刻「出擋」，這樣就可以減速，減少冰溝下邊人員的危險。

控制「擋」的人要精明靈活。耳朵好使眼睛快，時刻防止木件「跑坡」。

放冰溝是山林裡木把們極壯觀的事業，木頭在冰溝裡飛奔隆隆地響，就像一架巨大的飛機從道上飛奔，時刻準備沖上藍天，木頭一頭衝起的雪粉在空中瀰漫著，寒風吹刮著空中的雪粒和冰塊，刮得人睜不開眼睛。

放冰溝前，山上頭放擋的人敲鑼。

以鑼為信號，每當木頭下來，他「鐺」地敲一聲鑼，大喊：「下——去——啦——！」

各個「擋」口都有人傳話。

從上到下，五個人看著冰溝，十分威武。

放冰溝最可怕的是「跑坡」，俗稱「打箭子」，就是木頭在冰溝裡飛出去，像箭一樣在林子裡飛，頃刻間便會把人放倒。

一年，三岔子山場的冰溝打箭子，這裡還有個故事。這人叫張洩森，是一個挺出名的木把，早上臨走，和屋裡的（妻子）吵了一架，都是因為錢，女人管他要錢買梳頭油，男人說等發了餉再說，女人不願意了，說找你這樣的有啥意思。男人打了她一巴掌，女人哭著說：「你還是當家的呢，你死了得了！木頭咋不砸死你⋯⋯」

男人走了，但心裡憋著氣。

上了山，走著走著累了，坐在山坡上喘口氣，打個火堆，把鋸銼一銼。

這時，冰溝道槽子裡木頭卡槽子，得用人去挑。這叫「挑槽子」。張洩森一看說：「告訴上邊，先別下來！我挑。」

他說著跳進冰溝，用左腳去挑卡木，可是上邊的人不知下邊卡槽子，一組原木順坡而下，只聽「啊」的一聲慘叫，張洩森在一片雪風之中消失了。

「出事了！出事了！」人們大喊。

那天正是颳大風，漫天灰濛濛的，什麼也看不清。

大夥在雪林子裡找了半天，才在一堆破樹毛子裡找到血肉模糊的張木把。

放冰溝非常忌諱女人的咒罵。人們說女人說話准，女人說什麼都很應驗。所以山裡伐木和放冰溝時，不許女人到場，甚至第二天上山，頭天晚上不和女人同床，以免出事。這種民俗在木把當中相當流行。

十、開套和掐套

如今的伐木習俗，傳承了許多古老年代的習俗。這一切千年不變，要變，也沒有多大的變化。主要是工種相同。

舊時，人們住得更苦，幹得更累。

從前，木幫們住的是大房子，幾十上百人住一個屋。南北大炕，地當間一個大爐子，專門有「小打」負責看管，日夜燒木柈子，大爐子燒得「哞哞」叫，可屋裡還是寒風刺骨。

木幫們整天在沒腰深的雪窠子裡走來走去，從腳到褲腰都是水淋淋的，下晚回到大房子，先要烤鞋和褲子。大爐子周圍是一件件的酸臭的襪子、靰鞡和濕棉褲。第二天早上，天還麻麻黑，把頭就喊：「起！」

這時木把要迅速摸靰鞡，絮自個兒的靰鞡草，稍有怠慢，把頭的木棒子就擂在你的頭上，並罵：「也沒有吃奶的孩子，我叫你磨蹭！」

把頭對木幫非打即罵。打死打傷一個兒木把就像踩死山上的一隻螞蟻。

開套在山裡木幫的概念中是過了小雪的時日，外出的、串親家的、玩牌的、貓冬的都回來了，一心等著開套。每個木把都屬於自己櫃上的人。到了這個日子，掌櫃的派把頭到木把們居住的村村屯屯喊：「明兒個開套！明兒個開套！」

當天晚上，家家都做開了準備。

先買好鞭炮。第二天，各櫃頭的夥計三五一夥，在村口屯頭放鞭炮，高

喊：「開套啦！開套啦！」

放完鞭，燒紙馬，拜山神爺老把頭，然後背上線麻，帶上工具，進山場子了。

從前，各大櫃為了省錢，從來不買現成的繩子，只發給木把線麻，繩子由木把們自己打。打麻繩使用的工具民間叫「繩車子」，一邊三五個人，雙手握住老木幫子，腰和屁股拚命朝一個方向晃動，給麻上勁兒，俗稱打麻繩。

天出奇地冷，可打麻繩的木把們一齊扭動腰身，一齊喊：

「啊喲！啊喲！」

很好聽。常常使寂寞的老林子熱鬧起來。

打完繩子，就要編扣子。

編扣子，俗稱「割扣子」。

割扣子，就是編抽林子和放箭子車時用的繩索。這種繩索又叫霸王套子，用量非常大。二股，頭大，後邊像貓尾巴，根細，然後繫個花，一轉壓住。接著用木槌砸一砸，挑出花來。水一泡解不開。著急時就得用斧子剁下去不要了。

編套結繩子往往要幹個十天半月的，一到開春，使剩下的「霸王套子」像明太魚似的，在滿山遍野的泥雪中被扔得到處都是，跟頭絆腳的。

掐套，是指山場子活完了。這樣的季節正是山上冰雪開化，泥濘了，爬犁再也不能動了，而且，家裡有地的，也該回去蒔弄蒔弄了。

掐套時就要結帳。帳分幾種。有的是木把們包下來的「長活」，就是從山上伐木到拖運全套活叫長活，這就是俗話說的「掙囫圇錢」；還有的是「件子活」，指以木材伐多少，拖運多少來結算。

其中木把們大多是當地的地戶，冬時上山，農忙時下山，光幹山場子活，不做水場子事。

掐套要有儀式，主要是領了「紅錢」，要買紅紙、鞭炮、豬頭，去拜山神爺老把頭廟。

這時，木把們備上好酒，倒在葫蘆頭裡，再倒滿酒盅子，擺在廟門前，由「爬犁頭」掌櫃的領著，大夥齊刷刷地跪下，開拜。

先沖老把頭磕頭，然後向上下左右各灑一杯，再把酒灑在廟門前，然後燒紙放鞭炮。之後把豬頭拎回家，燉粉條子，大夥飽食一頓。這就是整個山場子活伐木、運木結束了。

伐木的組織機構

長白山的伐木人有伐木幫。伐木幫的組織結構和分工是這樣的，山場子上一個場子一個大櫃、二櫃，下分場子把頭、爬犁頭、槽子頭。

一、大　櫃

大櫃，是這一季山場子上主要說了算的人物，往往由他出資「打扮」（組織）這一季的伐木人。此人要有錢有勢，先要發給木把們一些「老錢」。

老錢，指木把們去年欠飯店的酒飯錢和旅店的住店錢。這些木把們往往住在沿江小鎮的各個旅店裡，欠下了店錢，動不了身子。這時，店主往往和大櫃「通光」，說我那兒有多少多少個好木把，但要「打扮」（武裝他們上陣）就得先替他們交付店錢。

這時大櫃要先拿許多錢，把木把們欠人家的饑荒還了，然後雙方簽字畫押，才能領他們上山。

大櫃說一不二。從前長白山裡出名的大櫃如二十四道溝王迷糊、十二道溝金懷塔、輝南吳鳳樓都是「黑白兩道」家有萬貫的手，因此他們山裡山外都出名。

二十個世紀七〇年代富育光先生進到山裡普查，在今天的松江河一帶，找到一個著名的大櫃——溫友大爺。溫友，老人外號「地行仙」，是指他在山中行走如飛，生活全靠森林和樹木。他打過獵，淘過金，當過木把。

他會很多木把號子。如《趕南海》《扯篷帆》，等等。

> 大風颳起來哪吆——！
>
> 嘿喲嘿喲哎——！
>
> 老林子沒人煙呀——！

嘿喲嘿喲哎——！

山聽我在喊呀——！

嘿喲嘿喲哎——！

林子聽我叫呀——！

嘿喲嘿喲哎——！

……

二、二　櫃

二櫃是大櫃的副手。此人往往替大櫃跑外，掌握財權和人權。這人往往是大櫃的至交，也有的是親哥兄弟。

二櫃要熟悉山場子的各種技術活。別人不懂的，他得懂，對方想唬他又唬不了。這二櫃往往是在木把堆裡滾來滾去的手兒，在木把他們中間，他是說一不二的人。民間常說「二櫃傻，大櫃精，是金是銀分得清」。東北的「傻」，是說這人實幹，不玩花架子。

三、把　頭

在山場子上幹活，領頭的這個人叫把頭。把頭這個詞大概是地方方言，在中原地區有「工頭」（領工人幹活的人）之稱，而「把頭」只是北方的方言俗語，這可能是北方民間方言與民族語言相融合產生的名詞，如蒙古族稱英雄為「巴特爾」或「把突」，此音和「把頭」「巴特」相近，加之東北早期有些地方是蒙古王爺的屬地，各民族語言中相互借鑑，也是可想而知的。

從地方方言來分析，「把」也是「幫」之言，把頭也可能是「幫頭」之意。就是這一行幫的領頭之人之意。

從蒙古語「巴特爾」指英雄，也合乎道理，因把頭確實是一位了不起的人物，可以稱其為木把中的「英雄」。在山上伐木抽林子，放箭子車，一切的一切，全要靠他發號施令來進行，他要懂得山上活計的各道工序的發生、發展和結局，而且包括「開套」「掐套」時的各種儀式活動，在山上幹活遇到各種意

想不到的事情都要靠他去排除。

他有應付殘酷的大自然的經驗和本領。在山上渴了吃雪時，他會告訴初來乍到的人：「先別吃，把雪在手裡攥一攥。你不要你的牙啦。」

這都是經驗。不然木把過不了三十五歲，牙都掉光了。

另外，在戶外幹完活回去時，一到大房子門口，把頭往往對大夥說：

「先別進屋。」

別人不知，問：「咋地？」

「先用雪搓搓臉。千萬別先烤火。不然臉會爛，起泡。」

這都是經驗，叫人佩服的把頭視這些知識為常識。當然也有壞的把頭，他們是大櫃、二櫃的心腹，和主子一起對付窮木把。大多數是這樣。

從前長白縣大櫃王迷糊手下的大把頭叫李青山，這人壞，整天手拎一把錘子，誰不聽話，一錘子下去就打死，這叫「一錘定音」。

大夥都怕他。他一出現，大夥就互相傳「錘子來了！」錘子是厲害的意思。他有時反而不打人，而把犯了紀的木把叫人綁在大爐子前，脫去衣服，用爐火烤肚子。木把疼得叫喚：「爺，饒了俺吧⋯⋯」他呵呵笑著，自顧自地抽著大煙。

木把們幹活，有些不是人的把頭貓在樹後偷偷看、聽，觀察木把動靜，稍有不慎被他抓住，沒個好，輕者罰工錢，重者綁起來捆樹上凍死。

四、爬犁頭

爬犁頭是山場子上專門管理抽林子爬犁的把頭。此人往往身經百戰，一張爬犁三頭牛，他要管理牛和人。

特別他要指揮「挖槓」的和負責「對吊子」的人時時掛吊子、摘吊子。

吊硬了，吊軟了，都不行。

特別是到「坡口」。

坡口，是指這條爬犁道的最高處，這樣的地形人慢，木頭快，往往最容易

「疊被」（木頭從後往前擠向前方一層層摞起來）。而牛在「道槽子」裡走，眼看到坡口，為防止「疊被」，牛要趕緊趕。

快趕時，喊：「駕——！駕駕！」

停下時，不喊停，喊：「拴——！」牛就會站下了。

爬犁頭要求特別熟悉牛馬的習性。此人從前往往是牲口販子，或者是常年跑外的「車舖子」（老闆子），所以他對各樣的牲口極其瞭解。

如抽林子架好牛不坐坡。挑選好的轅牛，一頭往往比「稍牛」（爬犁最前邊的那頭牛）價要大得多。到坡口最怕轅牛不坐坡。選牛時要看看牛的後腿窩寬不寬，如腿窩寬，這樣的牛喜歡坐坡，多大價都要。

再就是選稍牛。

稍牛和轅牛一樣，一定要聽話，鞭子怎麼勾，就怎麼跑。

稍牛的價略次於轅牛。

中間的牛叫「腰梗子」。為了減少每組爬犁的成本，除了轅牛、稍牛花大錢外，腰梗子什麼牛都行了，主要是為了成套。

一副爬犁套，三頭牛，缺一不可，缺了也不吉利。

在山上趕爬犁，爬犁頭不停地跑，早起就幹，下晚到小半夜。從這個楞場到那個楞場，一天跑兩個來回。

拉爬犁的牲口，到春夏老排一起，山場泥濘了，牲口就放進林子裡養著。放牛也是爬犁頭的事。但他往往交代給「小打」後，自個兒休養一下，等八月秋風一起，再去趕爬犁。

爬犁頭放牛有他的高招。把牛散放在林子裡，定期叫人去送鹽。鹽撒在固定的木頭上（往往是一棵倒樹），送鹽的人往往一喊：「喵——！喵喵——！」牛就知道，於是來了。

或敲牛幫子（一種喚牛的木具）。

在長白山區，各家主人對各家的牛有一定的呼喚方式，那就是梆子點。有的是「梆——！梆——！梆——！」大三點；有的是「梆——！梆——！」打

兩下。各家牛熟悉主人送鹽的梆子聲。

梆子很有意思，是典型的長白山裡的木文化。

木文化，反映在長白山區使用木頭敲擊出來的一種聲音之中，形成一種有獨特意義的地域文化，比如老山裡這種「木幫子」的使用，就是一種神祕的長白山地域文化。

據尹樂祝（他曾經在長白縣新房鎮一帶採訪了八十歲高齡的王立德老人和他的妻子以及老木把韓文海等人，這些人都是長白山木幫子的製造者，也是敲擊者）《梆子聲——長白山區的祕密語言》記載，從前，山裡人一堆一塊，居住較散，人煙稀少，人們不便大聲說話。主要是因為大聲說話怕引來野獸，又怕衝撞了「山神」。但人又不能不說話、傳達信息、表達用意。那麼怎麼辦？於是山裡人發明了敲擊木梆子的方法。這是山裡人的智慧的結晶。

如人家飯做好了，只能飯等人，不能讓人等飯，飯一好，就以敲梆子為號，「通知」山裡的丈夫回來吃飯；告訴放牛的人回來歇著；招呼放山的人回來睡覺，等等。這些複雜的「內容」全靠使用這種木梆的敲擊聲來表達。

這種梆子普遍用黃波欏、青橘子木製做，因這種木木質較軟，聲音響且脆，聲音傳得遠。這種梆子直徑約十七至十八釐米，長約七十至八十釐米，有圓柱形的，也有兩頭圓、中間扁的。

無論什麼形狀，梆子兩頭都留有五至六釐米樹皮，以防梆子乾裂。

木梆中間有一扁口，以便用鑿子挖空裡面，兩頭帶樹皮的地方各用木鑽鑽一孔，用麻繩或苞米鬍子（苞米樓子）纏在頭上，使聲音淳厚。

敲梆子的木槌一般用柞木或水曲柳等硬質木做成，長約三十至四十釐米，粗若拇指。有些講究的人家，還在梆子兩端刻上花紋，還有雕龍描鳳的，十分精緻有趣兒。

梆子聲沒有固定節奏，分要叫的人的遠近和內容而定。而且敲時各家有各家的暗語，也就是長短、輕重和快慢等聲音的不同，可是，奇怪的是各家的牛、馬都能聽出各家自己人敲的聲音。這是一種輔助語言使用民俗，也是一種

特定的地域文化。關於敲梆子的來歷，還有一個傳說。

　　傳說很久很久以前，關裡家有個廟，廟裡有個小和尚，他和一個尼姑做下了一件不光彩的事，人家抓他，他便和小尼姑逃到了長白山的深山密林中還俗隱居起來。可是，和尚在地裡幹活，還是擔心尼姑在家有意外，於是他便做了一個梆子，讓尼姑隨時敲打，以告訴他吉凶禍福。後來，這種做法便在長白山裡傳開了，並應用到山裡的生活之中。

　　這是山裡人開發長白山的勤勞和智慧的結晶，也足以說明「木」在這塊土地上的廣泛應用。

　　在長白山裡，在松花江和鴨綠江邊的林子裡，有許許多多巨大的倒木，中間被牛舌頭舔成了一個一個光禿禿的窪兒。可見，在那漫長的歲月中，木幫文化如此滲透進山民的生活中，而且，這塊放牛場明年還是某某人的場子。這所有的事，都是爬犁頭安排。

五、槽子頭

　　槽子頭是指負責壓槽子的把頭。

　　槽子也叫箭子道，是伐木人利用山形坡勢修造起來的冰雪跑道，以便於木把們把原木從上往下滑送。

　　槽子頭首先要管理好箭子道。

　　他必須是個熟悉深山老林裡氣候的人。

　　嚴冬到來了，頭場雪入山的木把能幹一二五天活，所以人人必須抓緊，想走頭一趟爬犁。俗話說頭趟木頭好，過午就不行了。是指頭趟天冷雪硬，爬犁和木頭都易滑動，如果槽子頭心眼不好，不派你幹早活，你就比別人出的件子少。

　　槽子頭怕風不怕雪。

　　他往往頭天晚上觀看天相，試試明天風多大，就知道他第二天早上起多早。如果夜裡起風，一刮，槽子道上被片起了「雪檳子」，大櫃就拿槽子頭是

問。

　　這樣，夜裡一起風，或經過風口的槽子道附近，槽子頭都要領人加「風杖子」。就是用樹枝子，在離槽子道一定距離的地方，起杖擋雪。這活，簡直不是人幹的。

　　黎明前，嚴冬，北方寒風刺骨。

　　老風打著呼哨，在荒曠寒冷的林子間、山岡上號叫⋯⋯

　　林子裡雪窠子上，恐怖嚇人，風的號叫聲像鬼叫。木把們常說這是一個人的鬼魂，在號叫。

　　傳說，從前有個人，上山打木頭，由於兩宿沒睡覺，幹乾活累得倒在雪窠子（凍硬的雪地）上睡著了，結果一下子凍死了。一場大雪把他的屍體埋上了。第二年開春人們看見他躺在雪堆裡，手握開山斧，好人一樣待在那，一碰，他「嗷」地叫了一聲，那是嘴裡堵口氣。從此，誰也不敢晚上出門，怕碰上了「鬼」。其實，他也是人哪。可這種管槽子的槽子頭，要懂得這些風俗。鬼魂一叫，要趕快燒紙，還要領著兄弟們叨咕叨咕：「夥計，你別喊了，俺們來看你來啦。」

　　不管天多冷，不管夜多麼可怕，槽子頭也要領人保護好槽子道，使第二天木頭能順利地從槽子道上下去。

伐木人的宗教信奉

伐木幫，在這裡單指山場子活（從事山上採伐）的人。

伐木幫是和放山、狩獵的人一樣，走進深山老林，去從事野外的勞作，向大自然索取，所以也可統稱為「放山」。

俗話說，哪路人敬哪路神仙，這話一點兒不假。山場子活的木幫們進山伐木，首先敬奉的就是山神爺老把頭。也供拜「樹木之神」。主要是對自然的尊重。接下來要拜把頭。

老把頭是誰，就是孫良。他是放山、伐木、狩獵、採參之人的祖師爺老把頭，就連放山的頭人，也都稱他為「把頭」，剛來的人稱「初把」或「雛把」，並且山裡從事各項活動的人見面都稱「把頭」，可見對這位神的崇敬。

因為「伐木」和其他活動一樣，都是在山裡進行的，所以崇敬的第一件事就是「開斧」（山場子活）前一天，都要給老把頭搭廟，俗稱山神廟。大的木場子早有蓋好的廟。然後祭祀。

歇斧，指山場子活幹完。拜完了，木把們回到大房子，大碗麵，大碗肉，管夠造（吃）一頓，第二天出山。

如果是新開的場子，原先這兒沒有廟，就得找三塊石頭，找石頭砬子下，找樹洞旁或山坡上搭個山神爺老把頭廟。拜法同前。

石頭砬子是老把頭的房簷，樹洞是老把頭的「神洞」，山坡朝陽，是老把頭經常出沒的地方。所以伐木人多選這樣的地方修廟。

在林子裡幹活，不許坐樹墩，據說這是山神爺老把頭的「飯桌」，也有說是老把頭的「板凳」，說當年老把頭是站著死的，後來康熙巡訪路過此地，封他個板凳，就是樹墩。

據民間傳說，當年孫良留下絕命詩後不是死了嗎？

可是，孫良人雖死了，可屍首直挺挺地靠著石頭站著不倒。因為他惦記他

的兄弟，死不瞑目啊。

一夥伙進山放山的打獵的人走到這兒，看見石頭上的字兒，都敬佩孫良的為人，就一一傳頌他的事。傳來傳去，據說一下子傳到康熙皇帝耳朵裡。

「真有此事？」

「真有。」

康熙說：「快領我進關東山看看去。」

手下人不敢怠慢，就帶領康熙進了長白山。

來到那塊臥牛石前，果見孫良的屍身立在那裡。康熙點點頭，自言自語地說：「此人勇敢忠義，我封他為山神爺老把頭，今後農曆三月十六就是他的生日。」

康熙皇帝話音剛落，就見孫良的屍體搖了三搖要倒下去。康熙有點奇怪，就命令手下的人說：「快！快放倒一棵樹木，讓樹墩給他當凳子。」

不一會兒，樹墩弄好，孫良的屍體果然穩穩噹噹地坐在上面了。

皇上既然封他為山神爺老把頭，不能沒有老爺府啊，於是就用紅布蓋在一塊樹皮上，大家跪下參拜，算作「老爺府」。

從此，孫良就成了受封的山神爺老把頭。由於孫良放山用一根五尺棍挂著，後人放山也拿根棍子，叫「索撥棍」，放山前的第一件事是拜把頭廟或把頭墳；進山後的第一件事是修老爺府；三月十六日是老把頭的生日，放山人要放假，殺豬宰羊為老把頭過生日；山裡的人不坐樹墩，是因為那是傳說中的老把頭孫良的板凳。那是祖師爺的位置。

這些山規習俗其實都是人們對自己崇拜的人的一種尊敬，乞求能得到他在暗中的幫助。

在山裡幹活，不許隨便說話，說是怕衝撞了「山神」；也不許隨便吃東西，怕咬了「風水」；晚上睡覺一律頭朝南，開山斧和各種工具要排齊，放在炕梢；鞋尖要衝門口，做夢不許告訴別人，怕說「漏」了天機。

麻達山（迷路）不要慌。單人初次進入林區或是離伙走散的人，由於地理

情況不熟而迷路，俗稱麻達山了。這時迷路人精神緊張，越緊張心越慌，出現掉向，視東為西，看南是北，總認為前面就是方才走過的路。尤其在夜間，在原地附近不停地徘徊，直至氣力耗盡，飢渴凍餓而死者屢見不鮮。

有經驗的木把，雖常年在林間，有時也會出現麻達山現象。當他感到麻達山了，就趕緊找棵樹根蹲下，不急於亂走消耗體力，等待恢復神志。天黑了打起火堆，發出求救信號，驅寒熏蚊打起小宿。白天則可觀察樹皮顏色，看樹枝頭的稀疏或看太陽方向和水的流向，晚間看月亮以便判別方向，最後走出迷津。

在山裡，人和動物也有了感情。

伐木人和其他行幫都經常保護一種叫「豺狼狗子」的動物。

傳說豺狼狗子對山裡伐木人很有感情，也有的說它是老把頭的看家狗。這種動物是食肉動物，牙、爪尖利，體積不大，善於跳躍。爬樹賽過家貓，叫聲似巴狗，多是群體活動。伐木人在山裡打小宿或是搭子，住木把房子，往往都有意識地把剩飯或飯渣等撒向房子所在周圍，當豺狼狗子覓食看到後，即在房子或宿地周圍撒上一圈尿，任何動物嗅到豺狼狗子的尿味兒，都退避三舍，不敢靠近，木把就可安心睡大覺。

據說老虎雖凶也懼怕豺狼狗子，一旦遇上如逃避不及時，就可能被這個只有貓體大小的豺狼狗子吃掉。由於它們是群體活動，遇到捕食對象就群而攻之，它們跳到老虎背上、頸上、肚子上，用其鋼爪抓在皮肉之間，渾身要害部位都被咬住擺脫不掉，任它虎爪、虎尾厲害，也奈何不了它們。因為它們身體輕，又善於跳躍爬樹，很快就把老虎纏得走投無路，任其擺佈。這時他們就借勢驅趕老虎向水邊走去，遇到水就開始進行撕裂皮肉的進攻，直到把虎咬死，大吃特吃，吃一氣兒再到水邊喝水把吃的食嘔出來，再吃，再嘔。據說十隻八隻豺狼狗子一宿就可把一隻大老虎吃得精光。

要說吉利話，不能說喪氣話。不論放山、採參或當木把伐木，在山裡山外，為圖吉利都不准說些個不三不四的話，否則會遇上死亡的危難，年三十煮

餃子，煮破了不能說「破」，要說「掙了」。黃米要說成「元米」，他們忌諱說「黃」字。

老把頭的座位不能隨便坐。早年伐木人在山裡幹活規矩很多，一旦違反就會遭到同行的反對或把頭的打罵。伐木後的樹根即樹墩，無論是新伐的還是舊的都不能坐在上面休息，因為這樹墩就是老把頭的座位，凡人是坐不得的，如果坐了就會得罪於老把頭而降禍，對大家都不利。其實這也是伐木人對森林的一種尊重。

山裡的伐木幫，搭房子也很有說道。

長白山當地人也有叫搭馬架子或地窨子的。進山踏查、測量、採松子等作業，因路遠不便於返回駐地，而這種作業時間不止十天半月，所以就得選地搭房子，支上臨時鍋灶，解決食宿。地窨子就是家，通稱叫房子。在地窨子裡吃飯、睡覺、休息，還可避免野獸的侵害。地窨子搭在什麼地方是要經過帶頭人的選擇，一般的要選擇向陽背風、靠近水源、地勢平坦寬闊的地方。放山人搭地窨子講究更多，認為南為小北為大，北面是老把頭的地方，東方青龍西為白虎，只能西山頭比東山頭高，否則，就犯青龍壓白虎的大忌，是不吉利的。地窨子或馬架子，一般的都是先用木桿搭成人字架，依次排開，綁上橫樑把人字架架牢，地窨子長短依人數多少能住開而定。人字架的兩坡用樺樹皮或椴樹皮苫上，也有的用樹枝壓上，使之能避雨。一頭堵上，另一頭作出入的門戶，裡面用松樹枝葉鋪上半尺厚作鋪，上面就可睡覺休息。天冷時地窨子中央用油桶作爐子，煙筒朝天，睡覺時不停地燒火取暖。馬架子基本和地窨子一樣，主要是怕天冷，住的時間長，在馬駕子裡向地下挖去半米多深，這樣更易於保溫。還有的馬駕子更別緻，順人字架從前到後兩邊搭地鋪，鋪上苫好草防止雨刮進即可。中間一溜兒上方全敞開，就地打起火堆。夜間火映紅天空，有時大雁從空中飛行，看見下面有火光，眼花繚亂，一頭掉進火堆，成為人們的美餐。

晚上睡覺「打火堆」。打火堆是放山人或木幫不可少的習俗。人住下後就打起火堆，燃起篝火，一直不熄，直到人們離去。打火堆好處很多，可以驅趕

煩人的蚊蟲小咬；可以防止野獸；可以防潮取暖，烘烤衣服；可以為人指路，天黑了看見火堆就不能迷路，白天看見濃煙可判斷出離房子遠近。

夏季在山裡放山休息叫「打小宿」。在山裡天黑了，回不了房子或住地，或是麻達山的人採取的臨時措施，人們可倚在大樹根下，砍些樹枝倚在樹幹上，以防露水打濕衣服。人可席地而坐，打起火堆驅趕蚊蟲小咬和取暖，避免野獸靠近，有了火堆就可為人壯膽，待天亮就可擇路走開。人多的也可簡單地搭起人字架披上樹枝，四外用樹枝堵上，用來防風防雨，人們即可在裡面休息。

平時，木把們在山上說話要十分注意，不能提「斷」「砸」「折」「壓」等音和字，也不能說「掉」字，如斧子掉頭了，只能說「出山」了。上吊叫「背毛」。總之，就是圖個吉利。

山場子活從頭場雪開始一直幹到第二年的二、三月份，中間大年要在山上過。

木把過年，說道更多。

木把們常說，過年了，砍「過年樹」。

「過年樹」是指年三十那天上午幹一上午，下午每人割一棵。這棵樹，很有說道。第一要找「順山倒」的；第二下鋸要絕對有尺寸；第三這棵樹夜裡一定要站住，多大風颳不倒，多大的雪壓不倒。第二天早上（初一）當餃子下鍋後，把頭拎鋸上山，幾鋸就要放倒這棵樹。然後齊喊：「順山倒——！」之後回去吃飯。

回去時，餃子還不能煮落鍋。

這就叫「木把過年」。

在這種「割樹」習俗中，要求木把必須選順山倒樹，以示這一年順順當當，求得萬事平順。

這種「儀式」的背後，是木幫行的木把面對殘酷的大自然來顯示自己的威力。隱藏著一種和大自然「決鬥」的雄風殺氣，是木把們戰勝自然、征服自然

的一種宏大的氣度。

　　試想，伐這棵樹要有多麼大的難度，先割幾鋸，在山林裡放一宿，還要不歪不倒；第二天早上，還要在有限的時間裡幾鋸割倒大樹，然後才能回去吃餃子過年。

　　這是種高難度技術，是木把的大無畏的氣度的展示，老林中深夜風猛雪大，被割了的樹，又有鋸口，而又不被颳倒，這是多麼難啊！所以，他們這是用自己的實力和技術向山神大自然宣告，我們也不是好欺負的人。這是一種向大自然挑戰的聲音。

　　同時，也是對木把技術的考驗和測試。不會伐「這棵樹」，就稱不上木把，你也就不會安心地回到大房子，和大夥一塊大碗肉、大碗酒地過年。常常有老木把對那些小年輕的或不謙虛的人說：「你還當木把呢，你一年放不了一棵樹！」

　　這一棵樹，就是指年三十晚上割的這棵樹。木幫善於把科技和宗教信奉結合在一起來繼承和流傳。所以單純地把某些習俗看成是一種宗教信奉習俗是不夠的。

伐木人歌謠與俗語

伐木幫行，作為一種東北早期開發歷史中的主要行幫，直接反映他們生活情態的文化並不多，這主要有兩方面原因，一是伐木人本身被人們認為是「下九流」中的下九流，妓女乞丐還能「入行」，而木把不排在「行」裡，生活本身對他們的歧視，迫使歷來表現統治階級生活形態的文化不可能對伐木的勞動木幫有記載和表述，二是作為木把本身往往都是沒有文化的窮苦之人，他們自己不可能創造出一種文化來表現自己，再說，他們整天生活在緊張危難的勞作當中，連對自己命運的回味和思考也來不及，所以就更談不上用文學來表現自己的生活了。

在我們蒐集到的關於木把生活的歌謠之中，儘管少得可憐，但卻無一首不透露出他們心底的呼喊，是那麼震撼人心。這不單單是歌，而是他們的話；這不單單是文學，而是一種深深的情感。

一、伐木人歌謠

讀這些歌謠，我們常常想起馬雅可夫斯基的至理名言：「無論是歌，無論是詩，都是炸彈和旗幟，歌手的聲音，可以喚起階級。」（見《馬雅可夫斯基詩集》，譯文出版社，1962 年版）許多木把歌謠，往往是一些老木把一生經歷的苦嘆，有些又是他們生活的痛苦的呻吟，聽來是那麼苦楚動人。

其形態主要有這樣幾方面。

其一，直接表現他們對生活的感受。

一九九二年六月我們蒐集於長白縣橫山林場的一首《木把這行不是行》說：

> 世上一行又一行，
> 木把這行不是行。

三教九流有名次，
咱七十二行排不上。

少小離家闖關東，
長白山裡當木幫。
春夏離家趕南海，
十冬臘月蹲山上。

北風掃掉腳趾頭，
鼻子凍得像大醬。
叫聲爹，叫聲娘，
回去看你沒指望。

一九八四年我們蒐集到撫松張棟材唱的一首木幫歌謠這樣寫道：

×他媽，日他娘，
是誰留下這一行？
冰天雪地把活幹，
到死光腚見閻王。

木把們大多是山東和關內一帶闖關東來東北的，往往是獨身一人，在山裡累死凍死，往雪裡一埋完事。在鴨綠江和松花江放排古道兩旁，一座座荒涼的木把墳，向我們展示著往昔放排的繁榮和木把自身淒涼的下場。還有一首歌謠叫《闖關東》：

出了山海關，
兩眼淚漣漣；

今日離了家，

何日才得還？

真實地記錄了當年闖關東人離開家鄉，闖入東北來謀生時的心境。
還有許多採伐歌謠。如：

伐木頭

油鋸突突響，

鋸手把話講；

大樹往上倒，

弟兄好吊鉚。

打丫杈

板兒斧鋒刃白，

小夥子們掄起來，

砍掉旁杈和斜枝，

正桿留出來。

下件子

看得準，量得對，不短尺，不浪費。

量體裁衣，因材下鋸。

穿坡謠

滑道直，山坡陡，

木頭翻飛聲聲吼。

林裡走，雪裡鑽，

木頭穿梭冒白煙。
　剛看冒股煙，
　眨眼到下邊。

牛穿坡

摽緊爬犁牽住牛，
未曾起臥想咋走。
腳踏實，留神瞅，
防止撇麵樹撞頭。

拿命換

要吃「橫山」飯，
　就得拿命換。
　走進伐木幫，
　好像進牢房。

　推起軲轆馬，
　險道滾大梁。
　斷閘砸傷腿，
　甩車壓斷腸。

　吃的橡子麵，
　咽的苦菜湯。
　把頭掄棒打，
　財東似虎狼。

木把賣苦力，
年年拉饑荒。
血淚流成河，
幾人回家鄉？

口述者：黃修勳等　採錄者：張平
一九八五年四月採錄於八道溝

木把苦

木把苦，
木把累，
木把受盡牛馬罪，
砸傷摔死沒人管，
亂屍崗子把狼餵。

木把屋

板房漏著天，
破鍋鍋幾回？
吃糠咽菜餓斷腸，
木把之人聲聲淚。

連起麻袋片，
全家當成被。
幾時才能見青天？
何日才能把家歸？

摘 掛

鑽進「羅圈掛」，

　木把命難保，

伐倒大樹趕緊跑，

稍慢一步命報銷。

口述者：張劉氏　採錄者：張平

一九八四年採錄於長白縣

採伐工人歌

上山天不明，

　下山一天星，

　小咬兒咬，

　草爬子叮，

長腿蚊子瞎哼哼。

　回頭棒子狠，

　樹倒一陣風，

麻溜快，要機靈，

光會出力可不行。

　汗水都灑盡，

　兜裡還溜溜空，

有心摔耙子沒處去。

　多咱能天明？

口述者：劉齊氏　採錄者：齊俊祥

一九六八年四月採錄於吉林市紅石

這首歌謠真實地記錄了採伐工人的生活。

這樣的木把當夠了

河裡發水浮兩岸，
頭天趕個八里半，
第二天到了於家店。
小木頭似支箭，
把頭兩岸站著看，
好似牛頭和馬面。

只聽咔哧一聲響，
木排上了碴子腰，
大鍋小鍋水上漂。
大水沖散木頭，
這回南海去不成，
這樣的木把當夠了。

口述者：孫發　採錄者：孫來今

一九六〇年採錄於延吉市

木把思鄉

三更交半夜呀，
月牙照山岡。
松枝雙棲鷺，
風吹花暗香。
想妹子，在家鄉，
手托腮幫淚汪汪。

盼哥早早回家鄉，
——情妹盼斷腸啊。

三更夜風涼呀，
木把想家鄉。
兩眼望山外，
雲海霧茫茫。
想妹子，在家鄉，
獨守空房多淒涼。
想哥想出心疼病，
——恨哥薄情郎啊。

三更難入夢呀，
想人最心傷。
貧寒姻緣苦，
情深恩愛長。
想妹子，在家鄉，
鋤田刨壟開山荒。
妹盼情哥離木幫，
——困苦妹承當啊。

口述者：劉老太太　採錄者：齊兆麟

一九六〇年採錄於大泉源

伐木歌

伐木料，進深山，
楞垛巍巍上青天。

修築樓閣供神仙，
木把禱告求溫暖。
地窖子透風寒，
神仙不管咱。
伐木頭，垛滿山，
千柁萬檁頂云端。
蓋起大廈住高官，
木幫茅棚斷梁椽。
風冷雨更寒，
雪花落枕邊。

口述者：齊關氏　採錄者：齊兆麟
一九六二年採錄於快大茂鎮

木把情歌（六首）

一

哥在老林做木頭，
三九三伏不歇手。
只為明個下山轉，
給她買瓶桂花油。

二

兩手空空又回山，
妹倚門框淚漣漣。
穿林過河一百里，
還覺妹在身後邊。

三

臨別喝妹一盅酒，
回山下力做木頭。
做到日落月亮升，
一年到頭有勁頭。

四

小河水，清又清，
柳毛下響起棒槌聲。
撲騰騰，撲騰騰，
一聲重來一聲輕。
一聲重來一聲輕，
聲聲響給木把小哥聽。

五

婆婆丁，開黃花，
娶上媳婦當不了家。
無冬論夏做木頭，
支不著勞金山難下。
小褂成絲綹，
褲子疤補疤，
一雙你做的白布襪，
俺揣在懷裡不忘家。

六

小媳婦蛋兒，上河沿兒，

銅盆兒裝著花手絹兒。
花手絹兒，跑綵線兒，
那是木把哥兒還的願兒。

口述者：郝哈哈（綽號） 採錄者：王希傑
一九八〇年六月採集於三岔子林業局敬老院

伐木人

伐木人，苦又貧，
吃糠咽菜住山林。
把頭克餉常挨餓，
瘦成骷髏不像人。

伐木人，窮又難，
採伐身披麻袋片。
上山三年沒結帳，
思念家鄉無盤纏。

口述者：齊劉氏 採錄者：齊兆麟
一九六四年六月採錄於長白縣十四道溝

進狼窩

到木營，進狼窩，
木把血汗鬼子喝，
把頭層層來扒皮，
警察漢奸勒大脖。

口述者：孫劉氏 採錄者：孫今來
一九六四年八月採錄於通化縣小陽岔

木把苦（二首）

一

木把苦，木把累，
木把受盡牛馬罪。
　板房漏著天，
　破鍋鍋幾回。

吃糠咽菜餓斷腸，
撿塊麻袋來當被。
砸傷摔死沒人管，
亂屍崗子把狼餵。

二

　放樹鑽進羅圈掛，
來不及和人說句話，
　一步邁進閻王殿，
　爹娘兒女全拋下。

放完大樹穿木排，
穿完木排去放排。
放木排，是苦差，
勸郎別去放木排。
老排一走無回日，
哨口淹死浪裡埋。

口述者：張氏　採錄者：張平
一九八六年四月採錄於白山市長白縣

木幫苦更多

沒有吃，沒有喝，

逼得沒招進山窩。

實指望混個飽肚子，

哪承想木幫苦更多。

　　　　　　口述者：孫劉氏　採錄者：孫今來

　　　　　　一九六四年三月採錄於通化縣

當上木幫賣了身

當上木幫賣了身，

把頭拿咱不當人，

打罵就是家常飯，

讓你死來定歸陰。

　　　　　　口述者：孫劉氏　採錄者：孫來今

　　　　　　一九六四年九月採錄於通化縣回頭溝

木把血汗被擠干

　大把頭扣，

　二把頭沾，

一年到頭不見錢，

木把血汗被擠干。

　　　　　　口述者：孫劉氏　採錄者：孫來今

　　　　　　一九六八年九月採錄於通化縣哈尼河

哪夠買鹽錢

雪花飄，北風寒，

木把好歹盼到年。

把頭開支給幾吊，

回家哪夠買鹽錢。

口述者：孫劉氏　採錄者：孫來今

一九六四年九月採錄於通化縣老鐵廠

苦得賽黃連

橡子麵，真難嚥，

麻袋片，不擋寒，

木幫工人不如狗，

日子苦得賽黃連。

口述者：孫劉氏　採錄者：孫來今

一九六八年四月採錄於通化市砟子鎮

咱挨棒子心不甘

山把頭，黑心肝，

不拿木把當人看，

整天拎著柞木棒，

棒子當成打牛鞭。

鞭打老牛牛叫喚，

咱挨棒子怎心甘。

口述者：孫劉氏　採錄者：孫來今

一九六八年九月採錄於撫松縣松江河

損把頭

損把頭，不是人，
端來稀粥一大盆。
下去勺子攪三攪，
好像鏡子照出人。

口述者：劉效國　採錄者：肖由
一九七三年十一月採錄於通化縣鐵廠鎮一心村

雞叫算亮天

再闖關東山，
先把靰鞡穿。
睡覺半拉夜，
雞叫算亮天。
木把活兒不好幹，
光打尖，不住店。
過山跨海闖關東，
為了吃飯用命換。
吃的是橡子麵，
穿的是麻袋片。
閻王殿是永聚統，
鬼門關是長風棧。

口述者：孫劉氏　採錄者：孫來今
一九六四年採錄於通化市松樹鎮

樹墩子歌

樹墩厚，樹墩多，

不能踩，不能坐。

老哥兒、老哥兒快躲開，

那是老把頭的小飯桌兒。

口述者：馮大爺　採錄者：關鉻文溫泉
一九八五年四月採錄於三岔子

木把嘆

叫聲爹，喊聲娘，

什麼人留下這一行？

五黃六月下南海，

十冬臘月在山上。

早晨穿上鞋和襪，

晚上不知往哪放。

汗珠子落地摔八瓣，

北風吹得透骨涼。

好容易盼得下了山，

綿羊票子鼓囊囊。

先進大飯館，

後進「落子堂」。

晚上住在「窯子」裡，

一年鬧個溜溜光。

眼看風起樹葉落，

還得光腚把山上。

口述者：趙志有　採錄者：梁之
一九八五年採錄於扶松縣松江河鎮

木把屋

板房漏著天，

破鍋鍋幾回？

吃糠咽菜餓斷腸，

木把聲聲淚。

連起麻袋片，

全家當成被。

幾時才能見青天，

木把不遭這種罪。

口述者：張林氏　採錄者：張平

一九八五年採錄於長白縣臨江鎮

孤雁飛

推開窗戶望雁飛，

孤雁哀鳴慘又悲。

苦命人像孤雁飛，

戀上木把活倒楣。

姑娘守活寡，

木把打游蜇。

牛腰粗原木垛楞場，

木把年年馬架子睡。

三伏難避雨，

臘月冷風吹。

盼過三春零八夏，
盼到秋涼雁南飛。

口述者：劉老太太　採錄者：齊兆麟
一九六〇年採錄於通化縣

十唱送哥上木幫

秋風涼，柳葉黃，
妹子送哥上木幫。
茅徑石頭滾珠淚，
草蠶叫得斷人腸。
妹子送哥情難捨，
石頭流淚蠶心傷。

過山樑，捫胸膛，
悻了爹娘心內慌。
情意深比天池水，
千曲萬回日夜淌。
妹子送哥難分手，
情似江河下海洋。

楓葉飄，似火燒，
腳步沉重唇發焦。
咽喉像塞苦麻菜，
情深淚多話兒少。
妹子送哥怕分手，
滿心淒苦淚滔滔。

日頭落，像血盆，
世上最怕人送人。
謀求餬口難相聚，
衣食拆散有情人。
妹子送哥淚濕襟，
難捨難離忒疚心。

月如刀，掛松梢，
蒼天逼斷路一條。
虎豹竄林哥難返，
債比山重妹怎熬。
妹子不忍哥哥走，
擔心一別見不著。

星眨眼，夜貓號，
天地吞聲不忍瞧。
冷風十里人心熱，
汗透青衫站不牢。
妹子贈哥一雙鞋，
情重不怕信物薄。

螢火蟲，亮閃閃，
木幫子賽牢監。
江山但留一線路，
誰進把頭鬼門關。
妹子囑咐哥珍重，

人情冷暖記心間。

一群羊，走下山，
羊羔喊媽聲聲甜。
拋下親人奔虎口，
伐木謀生拿命換。
妹子捧出香荷包，
日夜伴你闖深山。

松雞叫，鳥歸巢，
雙雙對對棲樹梢。
可嘆人生不如鳥，
難伴情哥熬涼宵。
妹子送哥要分手，
熱淚打濕羊腸道。

山低頭，河嗚咽，
妹子送哥山連山。
快刀難斷河流水，
哥把妹子記心間。
別離難哪分手難，
天荒地老心相連。

口述者：羅三源　採錄者：齊兆麟
一九六〇年採錄於通化亨通鄉

望月亮

情哥背簍奔木幫，

妹子月下淚汪汪。

拽住衣襟不鬆手，

步步相送南山樑。

東家把頭賊心腸，

萬一掙錢多提防。

在外莫要想妹子，

想妹登山望月亮。

口述者：羅三源　採錄者：齊兆麟

一九六〇年採錄於通化柳河縣

二、伐木人俗語

開山——這一行進山所舉行的祭祀活動。

把頭——領著幹活的人，也叫「槓子頭」。

斧子頭——具體伐採的把頭。

鋸頭——具體伐採的把頭。

道頭——具體領著修道的把頭。

爬犁頭——趕爬犁運木頭的把頭。

開山光——找一處紅松，選離地高三尺處，用刀斧砍出一塊高二十釐米、寬二十釐米、高三十釐米的樹皮，用乾草或樺樹皮點燃，在砍處用火燒燎一下，稱為開山光。

供樹神——殺黑豬一頭，小雞一隻。酒與碗，饅頭、炒菜各一盤。糖餃子擺「單數」上供。

供五神——在樹的根處供一張用燒紙疊的牌位。上寫：草神、山神、樹神、虎神、老把頭之位。

然後拿出三張點燃，離開神位念禱：無家的孤魂野鬼，拿去用吧。

之後，其他人依次跪下。把頭說一句，大夥跟一句：

　　　　　山神爺，樹神，把頭爺，

　　　　　我們要開斧開鋸了。

　　　　　這一冬，求您保佑，

　　　　　放的都是順山倒；

　　　　　順順當當，平平安安。

　　　　　等歇斧歇鋸時，再來供奉你老人家……

行三拜三叩首禮。儀式結束。

然後，把頭在斧子把上用紅布包上，對樹連砍三下，以示「開斧」。

接著大家吃「開斧」飯。

壓棚——蓋地窩棚。也叫壓子或地窖子。（一般是木把進山前，壓棚已結束，進去後就住人了）

上棚——在採伐場地，由木匠來造棚住人。

下棚——在楞場附近，多由集材趕牛馬爬犁的人住。

凍子——用鍬挖掘土深至三尺，長寬根據住人的多少而定。

不凍子——以木為主要支架，圍草土防風寒。頂端正中大都留有「天窗」。裡修「地龍」。木築牆，裡做飯，通氣。

地龍——一種連在一起的「土鍋」（爐子），長串的。

通鋪——大鋪。上面鋪大葉樟、小葉樟、鹿皮、麅皮等。

開道——開通與山楞場、河楞場相連的道路。

山楞場——山上的採伐場。

河楞場──水運「趕羊」的水楞場，利用春水運木。主道寬二點五米左右，岔道寬二米。以能通過牛馬爬犁為準。

貓兒道──木幫對運木道的稱呼。

如遇有跳石塘和草甸子（有稱澇窪地）的地方，一般就地取原木或枝丫，草捆兒，待入冬後用雪墊在上面，形成「凍板道」，稱為貓兒道。

跳貓兒道──遇有河套的地方。一般用木頭搭起簡易的橋。上面有硬雜木的小桿子、樹枝和沙石。

大肚子鋸──鋸中間寬，兩頭窄。

彎把子鋸──鋸直長，又稱「刀鋸」。

護屁子──掛在伐木人屁股上的一塊皮墊。

喊山──伐倒樹後喊三聲。

順山倒──順著山的走向倒下。

迎山倒──迎著山的走向倒下。

橫山倒──橫著山的走向倒下。

大抹頭──在樹根下直平伐下。

元寶楂──伐樹有上下層。主要根據山和樹的山勢來定使什麼「伐法」。

搭掛──伐倒的樹沒倒，掛在了別的樹上。

坐殿──樹鋸透後還沒倒。

吊死鬼──倒後的樹懸在了另一棵樹上。

加楔子──樹「坐殿」後，要向鋸口處插木楔子，促使它倒向人們需要的一方。

留山木──對有節子、裂紋、朽木、蟲眼、扭轉紋、水波紋的樹，一律不運下山，稱為「留山樹」。

燒炕木──對站幹、風倒木、小徑木、梢頭木、彎曲木，把頭一律看不上眼，留燒炕做飯。

站左打右──樹伐倒後要「打枝」。就是把樹上的枝丫打去，以便爬犁拖

運。

打枝有說道，必須站左打右，站右打左。

這是指人的「方向感」。不能弄錯。這也是幹活的一種規矩。如站一面打一面，把頭會趕你下山。

其實這是一種「科學」。人，只有站在這面，才能充分地施展力氣，打那面的枝。不聽話不行。

開山斧——這種斧，必須是水曲柳把或柞木把，好使，結實。

帶毛——「枝」沒打淨，樹面不平。指活幹得不利索。

陡櫢子——指山場上的陡坡地帶，幹山場子活非常危險。

木把——舊社會人們稱從事森林採伐和流送作業的勞動者為木把。

把頭——木場頭目，包括山把頭、家把頭兩種。山把頭是為家把頭服務的，掌管伐木運材等山工作業。家把頭是一個木場的主事人，主管料棧貸款和組織生產，並承擔木場盈虧的責任。

頂房子把頭——在山裡木場組織工人進行採伐作業的管事人，類似當今的車間主任。

領人的——類似現在工廠裡的班組長，一般是帶領七八個人進行修道或是伐木、歸楞等活計。

卯子——流送技術工人，包括大卯子、小卯子。大卯子是指通曉水路、經驗豐富、能帶領其他人員流送的技術熟練工人。小卯子是指熟悉某段水路，能擔負流送某一項作業的技術工人。

先生——舊社會木廠子管理帳目的會計。

股子——木把等在木廠裡有一定股份。

吃勞金——伐木勞動者或其他勞動者入木場子勞動而接受薪金的。

砍銼子的——做本字木排時，專用立銼把原木銼出四個平面的勞動者。

拉鋸的——指用鋸伐木的勞動者。

挖扛的——牛馬爬犁在運輸途中，因起步或其他原因需挖動時，跟隨爬犁

從事這一勞動的工人。

大頭掉——伐木人總稱。

爬犁東家——爬犁人夫的組織者。

大勞金——承擔山場子伐木頭、編排、流送期間全部勞動的技術工人。

小勞金——流送期間承擔某項勞動的工人。

冬勞金——冬季伐木運材中承擔某項勞動的工人。

工夫爬犁——按日支付薪金的爬犁人夫。

包爬犁——整個冬季支付薪金的爬犁人夫。

外櫃——替財主在外面討要帳目、協商經濟的人員。

掌櫃——替財主管理、經營事業的人員。

財東——財主。

料棧——借貸木材資本經營採伐木業的商賈。

窩子樹——指在小範圍內密集生長的樹木。

哈塘——沼澤地。

塔頭甸子——沼澤地中水草叢生，根繫固結一起，形如一個個小塔般的草墩。

嶺前——一般指長白山脈由分水嶺流向鴨綠江的一側。

嶺後——一般指長白山脈由分水嶺流向松花江的一側，泛指撫松。

木場子——指一個把頭經營的伐木點。

爬犁房子——指牛馬爬犁運材休息的場所。

排場子——指停排場或編排場。

料子——做好了的方材。

桿子——原木，日語稱丸材。

大桿子——一般長二十四尺以上、原口直徑一點五尺以上的原木。

大樑——長十五至十六尺、直徑一點七至一點八尺以上的原木。

大桅——長一三〇尺、直徑一點七尺以上的原木。

車大軸——長五點二至五點七尺、徑七至八吋八角形方材。根據材長短粗細又分為車中軸、車小軸。

土料——棺材板。

本字號——料棧採伐的木材稱本字號。

洋木——採木公司採伐的木材，不經加工稱洋木。

漂流木——因洪水或其他原因而沖散在江岸的木材。

開套——木材陸運開始。

趕河——利用河水流送木材。

吊櫳——為攏排在陸地埋設的木柱，供拴排用。

符——木材材積單位，十一連木材為一符。連：木材材積單位，長八尺之方料為一連，十六尺為二連，二十四尺為三連，與日本之一間物、二間物同。

料——木材材積單位，長八尺，斷面積六十平方寸之木材為一料。

伐木人的故事

在伐木人的行幫裡，木把與把頭，二者是同一階層，把頭是木把中的能人，他也參加勞動，他和木把（別的從事山林行業的組織也一樣）一起，進行本行本業的活動。把頭也有受僱於「大櫃」或櫃上的，這樣的把頭往往不和木把一條心，而變成了木把的統治者，並把自己從「木把」中分離出來，成為一個統治和管理木把的代名詞。

木幫文化中的「把頭」形象越來越壞，因而產生了許許多多木把鬥把頭的故事。這些故事和傳說往往以真實的背景為基礎，採用傳統的「記敘」方法，記載了一個又一個生動的故事。

木把和把頭關係方面的文化，有許多是我國傳統文化中那種「巧」「智」方面的文化類別，不同的是這些故事透出北方民族的尚武和俠義氣質，這又是地域文化的特色。

木把人稱是「做大木頭的」，他們使用的是「大斧子」「大鋸子」；他們奔走在大山大嶺之間。所以他們的命運也是大起大落。

他們幹活時窮得要命，有了錢時又大花特花，一種原始的生活方式在木把與把頭文化類型的故事中得到了充分的體現。

下面把這一類型故事集中分析一下。

一、木把與把頭

早些年，在長白山下的閻王嶺有個木場子，場裡有四五十個木把。掌櫃的姓于，叫于占山。這傢伙吃、喝、嫖、賭無所不為。雖然木場子是他掌管，可他連楞場都很少去，全仗二把頭給他當家。二把頭是個心狠卻沒多大本事的人，他時常挨木把整治。為此，于占山總想另尋個二把頭。

這天傍黑時，木把們扔下小槓回房去，剛到房頭，就聽于占山扯著公鴨嗓

子喊道：

「到大房子聽訓話，不聽，不准吃飯。」

木把們早就餓了，但又不敢不去。

進了大房子以後，于占山晃著頭說：

「今天，場裡請來一個新把頭。從明天起，由新把頭帶工，有不服管的，他要怎麼處置就怎麼處置！」接著他向新把頭使了個眼色，「下面請新把頭訓話！」

木把們朝新把頭一看，不禁倒抽了一口冷氣。

原來，這個新把頭姓黃，叫黃鶴常，人們都叫他「二和尚」。他是閻王嶺下面三道溝門兒姓張的財主的管家。這傢伙心狠手辣，有一身硬功夫。拳腳是出名的，上牆爬屋如走平地，死在他手下的窮人不知有多少。他怎麼到木場來了呢？做飯的王老漢偷偷地告訴木把們，二和尚是于占山出了高價雇來的。人們心裡又氣又恨，也有點兒膽怯。

二和尚站在屋當央，看了看滴著正旺的松油的松樹明子。這傢伙腦袋長得特別大，而且頭頂尖，下巴寬，中間粗，兩個招風耳格外顯眼，他的個頭像駱駝，拳頭像鄒頭，一雙腳賽過黑瞎子掌。此時，他手提一根新樺樹木槓，話不說，把大槓在地上敲了幾下，似乎證明是結實的，然後把大槓橫放在地上，再退後幾步，提了提拳，伸手伸膀子，運了運氣。就見他眼圓一睜，右腿一提，「啊」的一聲嘎叫，騰空而起，一個餓狼撲食竄向樺木大槓。就聽「咔嚓」一聲，拳落之處，樺木大槓被砸得木梢四飛。

木把們看著，渾身起了層雞皮疙瘩，心裡話：「這個狗雜種是在給咱們來個下馬威。」二和尚舉拳晃了晃，輕蔑地看了看被砸壞的大槓，又踢了踢腿，朝所有的人撒目了一陣子，兩眼噴著凶光。

突然，他一把拽住正在抽菸的張大個，得意地說：「我黃某闖蕩江湖二十年，說話歷來算數。」他指著張大個的鼻子，對木把們說：「我兩拳點穴，叫他把肚子裡的東西吐出來看看。」說著，提了提衣袖，退後一步，舉起「鄒

頭」就要打。

「且慢！」就在二和尚「鋤頭」將要落在張大個肚子上的當口突然傳來一聲大喊。

說話的人是個中等個、面目清瘦的人。他叫花為年，雖然不到三十五歲，可當木把也有五六個年頭了。他會點兒氣功，早些年靠在街頭賣藝吃飯。他為什麼喊話呢？誰都知道，二和尚那兩拳要打下去，張大個的五臟六腑得翻幾個個，弄不好得送了命。花為年為了救張大個，便挺身站出來了，他走到地當央，把張大個推到炕沿上，然後對二和尚說：「打我吧，可以打三拳。」

二和尚先是一愣，又重新把花為年從頭到腳仔細地打量了一番，心想：「你個瘦小子是活膩歪了，老子一拳得把你打到牆外去。」他大聲說：「也好。不過，要是失了手，打死了，可不償命。」

花為年見這傢伙如此囂張，想了想說：「還得講個條件。三拳我吐不了，也死不了，怎麼辦？」

二和尚冷笑一聲道：「這個月的大洋我分文不取，全部給你們。」他牛眼一轉，又說，「要是叫你吐了，或是死了，又怎麼論？」

花為年毫不猶豫地道：「死了不償命，吐了，兩個月工錢分文不取，算白幹。」他又轉向于占山說，「掌櫃的，你說呢？」

于占山根本沒把花為年放在眼裡。這時他見打起賭來了，也想從中發點財，於是搖晃著和尚頭說：「要是死了，在座的所有木把停發一個月工錢；要是吐了，姓花的一冬活算白幹。死不了，也吐不了——這個——這個，在座的所有木把每人多開一個月工錢，怎麼樣？！」他終於下了狠心。

花為年二話沒說，一下子甩掉了身上的破棉襖，往地當央的柱子前一站。大聲說：「來吧！」

張大個急了。

他雖然知道花為年有點兒功夫，到底怎麼樣，自己沒有見著，心裡不托底。他上前扯著花為年的衣襟懇求說：「老弟，讓我死吧，不能連累你們哪！

都是有家有口的，這咋說地！」

「不能拿人命打賭，別上他的圈套！」木把們都喊了起來。

「反了，反了！關你們屁事，等發財得了！」于占山對全屋人吼道。

「弟兄們，別怕，一會兒會見分曉的。」花為年勸大家道。

人們知道這是凶多吉少的事，又勸說不住，只好各自回過頭去，不忍心看下去。

這邊，二和尚已拉開架子，一個餓狼撲食，躥到花為年跟前，他左右開弓，「咚咚」打了兩拳。花為年面色不改，仍然站著。二和尚見勢頭不對，又使出吃奶的力氣，重新撲向花為年「咚」的又是一拳。花為年仍然不動。

二和尚惱羞成怒，抽冷子舉起左拳照準花為年的頭打下去。花為年早料到這一招，只一閃，二和尚的拳頭打在柱子上。只聽「咔嚓」一聲響，碗口粗的柱子斷成兩截。整個房子嘩嘩落下土來。

「好！贏了！贏了！」人們一下子跳下炕，抬起了花為年。

二和尚像敗了陣的狗，夾著尾巴溜一邊去了。于占山又氣又惱，臉變成了一塊豬肝兒。但他強作笑臉湊近二和尚小聲說道：「先答應條件，這筆帳咱們慢慢跟他算。」

二和尚頓時像吹足了氣的豬尿脬，吼道：「都聽著，老子說話算數，條件不變，不過，據說你們今天在山上沒幹什麼活，晚飯不開了！」

「為什麼不開？這不是報復嗎？」人們叫喊著擁向二和尚。

二和尚一揮手，十幾個打手橫著槍，對著人群比量上了。二和尚提著拳喊道：「哪個小子骨頭硬？來吧！」

花為年見硬頂下去要吃虧，便把人們勸回工棚去了。

大家幹了一天活，肚子餓得亂咕嚕，誰能睡著覺？於是坐在一起罵二和尚。有的要趁月黑頭去劈了他；有的怕以後遭二和尚暗算，想趁早逃走。花為年勸大家說：

「好漢不吃眼前虧，今晚咱遭點罪讓了他，以後想法子整治他。」

「唉，二和尚這小子不但會打人，壞道道也多，怎麼整治得了他？」一個木把說。

「我親眼看見他在張財主家把一個交租的老漢打得鼻口冒血，四肢斷折，死在大街上。」張大個說。

「這次他也不能罷休，咱得當心點。」

花為年沒吱聲。他眨著眼皮兒，想了好長時間，說：「我倒有個辦法除掉這個禍害。」

大夥一聽有辦法了，都圍攏到炕頭上，讓花為年把辦法講出來。於是，花為年就把除掉二和尚的辦法對大家講了。人們聽了，連連稱讚：「辦法好，使得，使得。」

第二天吃了早飯，人們便帶著斧子、小樍上了山，他們要在閻王嶺上甩坡（順著山坡把圓木放到山底）。人們在嶺上剛把木頭運到坡口，二和尚領著兩個打手提著槍來到楞場。這時花為年正在調試掐鉤，見二和尚來了，他迎上前說：

「把頭，弟兄們在山上放樹，你上去看看吧。」

「放樹怎麼沒有聲音？」二和尚立瞪著眼。

「唉，把頭，你可別說我告訴你的。」花為年往前湊了湊，「你不看著他們，沒正經幹活的。」

「娘的，走，上去！」二和尚氣得眼珠子快鼓出來了。

花為年在前，二和尚和打手們在後，沿著甩坡的坡口爬了上去。走了沒幾步，一個打手說：

「這個地方盡明冰，難走！」

「當把頭的可不怕這個，連我都能走，把頭還在乎？」花為年故意激二和尚。

二和尚想起昨晚輸給了花為年，今天不能再掉價了，他朝打手罵道：「你他娘的盛飯的家什！這有什麼難爬的？上！」於是他們跟頭把式地跟花為年往

山上爬去。

到了半山腰，二和尚和打手們累得臭汗珠子直往下掉，二和尚一腔坐在明冰上，用狐狸皮帽子扇著風，不走了。花為年回頭說：「你們歇會兒吧，我上去幹活了。」

花為年來到嶺頂，見大家早把上百根一摟粗的大木頭擺放好了。花為年朝大夥點了點頭，人們各自用小槓一撬，木頭像出膛的砲彈，呼嘯著向山下飛去。

箭子道上，二和尚和打手還在發愣，木頭飛似的就碾在他們身上……

木頭放完了，木把們走下山來，只見二和尚和打手都成了肉泥爛醬。看到這兒，人們自然樂得不得了。

木把們樂了一陣又上了嶺頂。張大個按花為年的吩咐跑回工房子向于占山報告了。

于占山領打手來到閻王嶺下一看，氣得五官都挪了位。他抓住張大個吼道：

「是不是你們把他害死的？」

張大個不慌不忙地說：「掌櫃的，弟兄們還在山上，我是下來換搯鉤的。怎麼能害死他們呢？再說把頭有槍有炮，就是沒槍沒炮，俺們也不是他的對手呀！他會武呀！」

「你說他們怎麼死的？」于占山問。

「我看是把頭初來乍到，不知另有小路上山，而沿著坡口往上爬，弟兄們又不知道山坡有人，就把木頭甩下坡……」

于占山聽了覺得也有些理。

二和尚已經死了，說是木把害的，又沒把柄。於是便不聲張了。這事也就不了了之了。

就這樣，木把們神不知鬼不覺地就讓這個殺人魔王般凶惡的把頭葬身在閻王嶺下。木把們的團結在各類行幫中是最突出的，人們往往依靠一種凝聚的力

量去戰勝人和自然當中的無情壓力。這是尹樂祝蒐集到的一篇木把故事。

從前，木幫中流傳著這樣幾句話：

當木把，太淒涼，
遠離妻兒與爹娘；
五黃六月把排放，
十冬臘月山裡忙。

過去，中原地區的窮人被天災人禍逼得實在活不下去了就闖關東。

闖關東到東北不是挖棒槌，就是當木把，再就是到長白山裡「做大木頭」。

山東棗莊，有一戶姓孫的人家，兩口領個孩子，老頭叫孫福，兒子叫孫喜，一年到頭苦掙苦熬，吃糠咽菜，還能顧個活命。可誰知，天有不測風雲，人有旦夕禍福。

孫福給財主家往倉裡扛糧食袋子時，肚子餓，人發慌，腿肚子一打閃，竟從跳板上掉下來。當時鼻口竄血，沒等抬回家，半道上就嚥了氣。大夥看著孫喜這孩子挺機靈的，就勸他媽說，還是讓孩子隨村裡人去闖關東吧，興許能得寶發財回來哩。

孫喜他媽給他做了一些菜糰子，第二天就隨村裡人上路了。

一連走了一個多月，來到了臨江的黑風口，大夥背的乾糧吃光了，盤纏也用完了，怎麼辦？身上已分文沒有了，只好找個小店住下，店裡住的窮哥們兒給他們出了個主意：進山當木把。管咋的，先填飽肚子是大事。混得好年底還能剩幾個錢捎回去，孫喜就這樣跟大夥一塊兒進山去放木頭，當了木把。

那時候關東山十冬臘月，冷得嘎巴嘎巴的，吐口唾沫，不等到地就凍成了冰坨。小北風一刮，吹得人透心涼。可是老闆的心太狠了，天不大亮就把木把們吆喝起來，熬一大鍋蘿蔔條子湯，貼的是一半苞米麵一半橡子麵的大餅子，

不等吃完喝完就催著上山。

　　上山的人再發一個大餅子，一塊鹹蘿蔔。直到天頭黑盡了，才一哧一滑地摸黑回「房子」。老闆還說晚上不幹活吃多了只能壓炕，只給糊糊粥喝。

　　開頭孫喜這孩子還能咬緊牙挺得住，可是孫喜的身子骨還嫩哪，時間一長，就有些挺不住了。兩腳凍得先是又紅又腫，後來就化膿，再往後脫下襪子一看，白花花的腳骨頭都露出來了。就這樣，把頭也不給假。窮哥們兒雖然千方百計地照顧他，但抗不住把頭盯得緊哪，硬是逼著他上山幹活。

　　這天，孫喜在山上實在不行了，收工時，窮哥們兒把他背了回來，餵了他一碗糊糊，讓他躺下了。

　　大夥也累得要命，一個個倒炕就睡著了。第二天，大夥起來時，看孫喜睡著沒動，心想讓他歇歇吧，誰都沒叫他。可是，不大會兒，把頭來了，正圍著房子轉哩，大夥正想用破棉絮把孫喜蓋上藏起來，把頭三腳兩步的就衝進來了，二話沒說，上去就踢了孫喜一腳，邊踢還邊罵：「還睡早覺享受呢？」見孫喜沒動，隨手又從爐子邊拿根棍子沖孫喜沒頭沒腦地亂打，大夥見孫喜既沒動彈，也沒哼聲，趕忙跑過去，一扒拉，人死了。

　　這下可把大夥惹惱了，呼啦一下，朝把頭圍了過去，有的人氣憤地喊：「殺人償命！打死這條狠心狼！」把頭一見勢頭不對，像條夾尾巴狗一樣，緊忙溜了。

　　大夥這天全不出工了，湊在「房子」裡合計著怎樣為小孫喜報仇雪恨。

　　有的說：「趕快給他媽打封信，讓老人家來！」

　　有的說：「不行，他媽哪來的盤纏，得讓老闆和把頭出錢。咱們去接。」

　　有的說：「對！得讓老闆和把頭供養他媽一輩子。」

　　大夥你一言我一語，合計出了好幾條，最後又湊錢買個豬頭來。

　　當天下晚大夥提上豬頭，帶刀去找老闆和把頭。進得門來，啥話沒說，把豬頭往老闆家桌上一扔，便提著刀子，唰唰往下削豬頭（木把一削豬頭肉，就是要起來反抗了）。老闆一看，木把「起哈子了」（鬧事的意思），嚇得上下牙

巴骨直打架。過了好一陣，才強裝笑臉說：「弟兄們，別這樣，有啥事好商量，好商量……」

大夥說：「既然你想商量，就得聽我們的！」

老闆說：「好！好！先聽你們的。」

大夥說：「我們的條件不多，只三條！頭一條，要為孫喜好好操辦喪事；第二條，你拿路費我們去接孫喜媽來，到後，你要當面立下字據，養活孫喜媽一輩子；第三條，從今往後，不許把頭再打人罵人！」

老闆心裡直打橫。可再一瞅大夥那一雙雙冒火的眼睛，怕把事情鬧大了，只好一一答應了。

木把們常說，人要是死都不怕時，你就別惹他，就是這個意思。

一九三六年，日本人在長白縣開了一個採木公司，不少人為了養家餬口，只好拋家捨業，背著個破鋪蓋捲兒，去到橫山木場子推轱轆馬子車運木頭。

提起木把的苦，那真是一言難盡啊。

冬天跑在插襠深的大雪窩子裡伐木，狗皮帽子和棉褲凍上一層冰甲；放樹時摘不好「掛」，就得讓大樹把人砸扁了；夏天推轱轆馬車運木頭，推不好就會斷閘、甩車、滾大梁、放野卯子、扣斗子。木把們不是死，就是砸折腿壓斷腸。尤其是轱轆馬子車正在猛飛跑時，木把們還得「醃跑油」，就是給軸瓦叫油，一失手掉下鐵道，連骨頭渣子也剩不下。

有一年夏天，正是推轱轆馬子運木頭的時節，有個叫大老喬的木把和一個叫大老黃的木把合推一台車。他倆天天在老山跑車，臉皮被風吹雨淋得黑乎乎的，冷不丁一看，膀大腰粗大黑臉，活像張飛和李逵，木幫房子的夥計們，都管他們叫一對「大老黑」。

別看他倆是黑大個，可是都粗中有細，在推車木頭當中，從來也沒出過一次事故，年年掙大卯子勞金。

這天下起毛毛雨，他倆推起一台車，「迄哧哐」來到小橋。這塊鐵道是一個很大的反曲線，車開到這裡總是打住滑槓慢慢拐彎，一旦開急了，轱轆馬子

車會立刻就翻到路旁溝裡。恰巧，那天下雨，護道木把沒有撒土，彎道上路滑，大老黃他們倆剛開到這裡一不留神，軲轆馬子車掉了道，一下子歪進溝裡去了，事情湊巧讓道班房子木把頭石猴子看見了。這個石猴子是採木公司派到木廠子監工的漢奸把頭。他一看扣了車，忽地從道班房子裡衝出來。開口大罵起來：

「一對黑瞎子不走正路，誰叫你倆扣斗子了？」

大老喬不聽那個邪，理直氣壯地發了話：「石把頭，我和黃大哥推了五六年也沒出過一次差錯。這遭扣斗子也不能光怨俺們呀？下雨鐵道滑，還不撒土，車跑到這兒打不住滑槓，還有不掉道的嗎？」

石猴子把三棱子眼一瞪，罵罵咧咧地說：「大老黑，你這個狗娘養的，不知道皇軍正等著用木頭嗎？耽誤皇軍的大事，你擔當得起嗎？今天我非揭了你三層皮不可！」說完，兩手掄著碗口粗的大挖槓，朝大老黑的腦袋就是一下子，接著又給了大老黃一悶棍。他倆沒防備，被打得天昏地轉，一頭栽到鐵道上，石猴子還沒出夠氣，又掄起大挖槓朝他倆劈頭蓋臉毒打一頓。後來，木把哥們兒把他倆抬到木把房子，養了半個多月的傷。

養好傷後，大老喬對大老黃說：「老黃哥，這頓打咱不能白挨了，非報這股仇不可！」

大老黃膽大心細道眼多，他想了一會兒，趴到大老喬的耳邊「喳咕」（小聲嘀咕）了一頓。大老喬高興地直拍大腿說：「這個招法，太妙了！就這麼辦。」

七月的一天早晨，大老喬他倆把車推到「四終點」停下來「醃油」。正巧，把頭石猴子從木把房子走出來。

大老黃笑臉迎上去，雙手遞過去一根「哈達門」牌煙卷，恭恭敬敬地說：「石把頭，那天大老喬和你老頂嘴吵架，實在不應該。你宰相肚子能撐船，高抬貴手就饒了俺倆吧。」

大老喬也裝模作樣地湊過去，規規矩矩地行了個禮說：「石把頭，俺是炮

筒子脾氣，點火就著，千錯萬錯都是我的錯，你就原諒俺倆這次吧，你是咱這個山場的一家之主，往後俺一定好好聽你的話！」大老喬他倆這麼一套近乎，倒把石猴子給逗樂了。他陰陽怪氣地吹唬了一通：「那天你們倆實在是狗坐轎子——不識抬舉，我到二十道溝中隊部報告給混二旅劉營長，劉營長一聽，當時非要把你倆抓到拘留所押起來不可。後來我講了情，才給你們一個改過自新的機會。」

大老喬兩個人又點頭哈腰地說：「多謝石把頭手下留情，到年根捎帳時，俺們一定送些厚禮孝敬您老。」接著，大老黃擠眉弄眼地靠近石猴子耳邊說：「石把頭，這兩天江邊村屯的窯子來了一位漂亮的窯子姐呢！」

石猴子吃、喝、嫖、賭無惡不作，尤其是嫖娘們是他一生中最好的一口。他眨巴著個耗子眼，像只瞎眼虻叮上了：

「嘻嘻，大老黃你快說，窯子姐叫啥名？」

「她自報字號『十里香』。」

「模樣俊不俊？」

「那窯子姐長得面似桃花，賽過九天仙女呢。」石猴子聽了，樂得抓耳撓腮，高興地朝大老黃一擺手：「上車走，快點開。」石猴子急急忙忙爬上車，坐穩後大老黃朝尾車大老喬一揮手，放開滑槓，軲轆馬咏咏跑起來。

石猴子坐在車上哼哼呀呀地唱起了流行小調。唱著唱著犯了大煙癮，手把車上剎木頭大繩，前仰後合，眼皮麻達著睜不開了，正好這時軲轆馬子車跑到「二終點」坡口。

在這段坡口下坎路上，要是打不住滑槓剎不住閘，那就會放了野卯了。大老黃一看時候到了，朝尾車大老喬一擺手，兩個人同時把剎車的「滑槓」鬆開了。

這下可不得了，軲轆馬子車像離弦的箭，跑下坡口放了野卯子（剎不住了）。

說時遲，那時快，大老黃朝石猴子喊了一聲：「石把頭，見閻王爺去吧！」

說完，兩個人颼颼跳下去，這時石猴子嚇得臉色煞白，眼珠子幾乎從眼眶子掉出來，還沒來得及跳車，軲轆馬子車就轟隆一聲，墜進山谷裡，石猴子被砸成了血淋淋的肉餅子。

大老黃趁機在木幫裡散佈說：「石猴子叫山神爺吃了。」

鬼子和大櫃急得火燒屁股到處找人，老林子沒有人煙，上哪找一具屍體，這事也就拉倒了，木把們氣也出了。

關東木幫伙子裡，是藏龍臥虎之地。木把們傳說，達摩老祖就曾經化成一個能人，來到山裡為他們出過氣。

那時候，長白山臨江上游的老黑河裡是個挺大的木場子，掌櫃的姓侯，手下雇了七八個把頭專門為他管理工人。在這幫把頭裡有一姓趙名叫趙先亮的傢伙，這才「故勳」（東北土語，特別壞）呢！木把們說他要有花花腸子都能養活孩子。

一入秋，這小子就串通好老黑河口和臨江街裡的大小客棧，想法用低價雇來那些遠在他鄉、無兒無女的木把，上山給他幹活。

這還不算，一到春頭子，山上的活完了，他又和這一帶的「賊店」串通好，如果有他木場的木把住店歇腳，他就讓店主不收木把的錢，專門寫保抵押。等秋天一到，「場貼」（在關東山流通的一種貨幣。還有官貼、礦貼等多種）一定起毛，哪個木把都該了他們一屁股饑荒，於是不得不又回老黑河木場子給他賣命……

木把們總想尋機收拾這趙把頭，可無奈這小子會幾手拳腳，據說在河南少林寺學過武術。大夥一直出不了這口氣。這年上秋，趙先亮從臨江又招來一幫木把。

一天早上，他亮開破鑼似的嗓子招呼工人們到院子裡集合，他要「過堂」。

原來這小子給新來的工人規定一個規矩，初來乍到的木把，幹三天活之後每人都要經過他的三拳兩腳，這叫「過堂」。經得住的，就算過了「堂」，重

新簽訂合同，經不住的，這三天算白幹，還要付飯伙錢——這招也真損哪。有些老木把，白白給他幹了三天活不說，又挨了他一頓胖揍，不得不含淚下山。

這時，工人們被迫在院子裡排成一隊，趙先亮威風凜凜地在院子裡轉一圈兒，拿出一根煙點上，抽了一口說：「哪位先『過堂』……」

院子裡，幾十號工人，大夥氣得呼呼喘，可誰也不敢吱聲。

趙先亮一聲冷笑，說：「有屁快放！早晚他媽的都得輪上。好，不出聲從頭開始！」

他的話音剛落，兩名打手就從隊伍的頭一排推出一個骨瘦如柴的老木把。

這老人，好幾天沒吃飽飯了，又幹了三天的重活，現在往院子裡一站，渾身直打晃，說：「趙把頭！你可輕點下手。行行好積點陰德吧！」

趙先亮把煙頭子從嘴裡吐出去，一邊挽袖子一邊說：「老燈台（東北罵老人的一句話），我今兒個就送你回老家！」說著，就奔老人走過去。這時節，就聽隊伍的後排有人不大聲地說：「趙把頭，還是拿我先『過堂』吧。」

聲不大，趙先亮卻聽個一清二楚。

他停下步子一看，後排走出個個子不高的老漢來。

這老漢，看上去已有五十上下，矮個頭，臉上的膚色黝黑。這人是幾天前剛招上來的，因他為人和善，大夥就叫他老黑哥。

趙先亮沒想到會有人主動要求先「過堂」，心裡這個氣呀，這等於殺了他的威風，於是站在那裡運足了氣，然後趁對方不注意，大叫一聲撲了上來。

站在寒風中的老老少少，都為老黑哥捏了一把汗。這趙先亮殺人不眨眼哪。

說時遲，那時快，趙先亮一拳就擊在老黑哥肚子上。大夥「呀——！」地叫了起來，可是，卻見老黑哥向後一閃，腹部一收，趙先亮的拳頭被活活卡在老黑哥肚子上，拉不出來了。

趙先亮滿頭大汗，可就是拉不出來。

這時，人們已見老黑哥橫眉怒目，說：「趙把頭，沒想到吧！今天我先送

你回老家！」說完，老黑哥來個起子，接著就在院子裡打起車軲轆把式。

他這一弄弄得真了不得啦，只見趙把頭在地上隨著老黑哥的起子被摔得「咕咚咚，咕咚咚」響，他大叫不止：「老黑哥——！你饒了我吧！我再也不剋扣人啦——！你當我是個屁，把我放了吧——！」

二十幾個把式下來，趙先亮像條死狗，躺在院子裡喘氣。

老黑哥問：「姓趙的，你他媽還給不給工人過堂了？」

「不過啦！不過啦！」

「這一批工人，你要都收下！」

「這……小人說了不算……」

「什麼？！」

「行！行！我到掌櫃那說說……」

趙先亮說完，爬起來跑了。

下晚，大夥圍住老黑哥說：「這小子不會饒了你的，得想個法子。」老黑哥說：「法子早有了。明天咱們就……」接著，他把自己的想法一五一十地說了一遍。

接連下了幾場雪，山上運材道已經打好了。這天，趙先亮來到老黑哥面前，皮笑肉不笑地說：「你先領人去『壓薦子』（把木材集中到山頂的雪道上，上面鋪上雪，使別的木材好滑動）！」

「好吧。」

原來，自從趙先亮當眾吃了虧，他對老黑哥恨之入骨，想利用壓薦子這個最危險的活，對老黑哥下毒手。

第二天早上，雪道壓好了，可是一流送，剛運了一里半，就在半道中「卡堂子」了。工人們都坐在山坡上抽菸，趙先亮急得團團轉，可工人就是不動手。

這時，趙先亮抽出鞭子，讓一年輕木把去「挑堂子」，挑了幾次也不下溜。

只見老黑哥磕磕煙鍋站起來，說：「我試試！」於是他跳上滑道木垛，指著一根木頭說，「就是它卡垛。」

　　趙先亮說：「哪根兒？」

　　他不敢上前，怕工人報復他。

　　老黑哥說：「就那根兒。你往前點！」

　　趙先亮不得已往前挪了幾步。

　　老黑哥說：「再往前點……」

　　趙先亮到雪道前邊三步遠，往裡一探頭，老黑哥伸手摳住他的大腿，說：「來吧！就等你。」說完，一使勁兒把他調進了雪道上，接著，一木叉點活了起堂的圓木。

　　只聽「轟隆隆──！」一陣巨響，圓木順道而下，灰白的雪粉揚在空中，趙先亮這個傢伙還沒來得及叫一聲娘，就被活活擠進木頭縫裡，碾得稀碎。

　　後來，老黑哥不幹了，下山走了，可是新把頭也都不敢輕易虐待木把，他們也怕木把收拾他們呀。後來大夥都說，這老黑哥不是人，是達摩老祖的替身。

二、老驢店

　　老白山裡有一個地方叫臨江，在寂寞的冬季這兒的各個旅店裡都住滿了單身的木把，他們都是上一年住進來「貓冬」的，這兒有個客棧，叫「悅來客棧」，掌櫃的是個女老闆，外號叫「包皮」，她開的旅店，別人叫「老驢店」。驢，本是東北平原的一種牲畜……

　　包皮的「店」為什麼叫這個名字呢？這和東北的伐木放山的習俗有關，因為她的店是等著木幫們來「住」，才能生存和維持下來的。這年，她的店中住著一個六十多歲的老木把，叫老根。大雪落山許多木場子派出打扮人的來到臨江街上的各個旅店門口，他們兜裡背著嘩嘩響的大洋，嘴裡不斷地喊：「開套！開套！」

老價不變，一個木把從現在開始幹到明年二月每人三十塊大洋，先付一半十五塊。

可這十五塊根本到不了木把的手，各家客棧和店鋪老闆及女人早把這錢接過去，據說這是木把們欠了人家一冬的「店錢」。

這也是這一帶的規矩，年年木把們來住店時都是先「記帳」，說好了「大雪一落」由打扮人的給錢。

可是悅來客棧女掌櫃「包皮」卻不樂呵，眼看人家住的客人都被人付錢領走，就唯獨她炕上的老木把老根沒人認領。街上一傳來打扮人的手中木皮鼓的「卜卜」響聲，她和老根就爭先恐後地跑到熱鬧的前趟街口，可是每一次都是失望而回。

每一次往回走包皮都是滿臉喪氣，老根卻是滿不在乎笑嘻嘻。他說：「別急，能有人來找俺的。」可是包皮「啪」一聲關上門，自己走進了院子。

悅來客棧屬於那種夫妻小店。在臨江這類小店遍地都是，專門接待山裡的獨身木把。木把們一般都沒有家，他們闖關東來東北，家口都在遙遠的關內。他們來時發誓掙足錢回關裡家，可是發誓總歸是發誓，一年年的落得連住店的錢都沒有，於是只好住這種「夫妻店」。夫妻店有的是夫妻開，有的就是一個人開，總之就是「小」的意思，指一家一戶就是一個店。那往往是兩間房子，一頭住主人一頭住客人。客人屋裡一鋪大火炕，多的可睡二三十人。住的人都是沒家眷的木把，都等著「開套」時木櫃東家給付錢，於是年復一年形成這種習俗。據說這個習俗從明末清初便開始，官家對這類小店不收「客」稅，於是這類小店便越來越多。

包皮五十五歲了，可打扮得像四十五。

一件褪了色的紫花小襖，緊緊裹在上身，脖下第二個扣帶總是盤不上，裡邊沒有內衣可穿，似隱似現地露出白白的奶子……

據說先前她也有丈夫，據說後來也進山了，反正壓根一連幾年都沒見，就是悅來客棧的回頭客也沒見過她的丈夫；老根以前的客人也說沒見過；人們也

不細打聽。這是一種風俗，也是一種規矩，也是一種默認。在當地，默認的事情很多。每當人們問一件事情，當接觸到人所共知的事情時，大家便會異口同聲地回答啊啊或是啦是啦。

老根心裡有數，別看他今年已是近七十歲了，可是遲早一定會有人認領他。因山裡山場子活一開始，各個木櫃上都缺人手，就憑他這壯得牛似的身板還會沒人認領？可他心底又有愧，畢竟是欠著人家包皮的店錢。他知道從去年秋天起，包皮家就沒住上別的客，而他還是包皮到江邊拉來的，好在他們也「熟」。可是老根也萬萬想不到今年頭一撥打扮人的沒有「打扮」自己，看來自己是真的老了。

他掏出別在破棉襖上的煙袋，在口袋裡挖了一下，蹲在雪地上。這時包皮又從院子裡走了出來。

老根驚得立刻從地上站起來。因他一眼看見包皮的腋下夾著一個癟癟的小包。

老根說：「你，要出去？」

包皮說；「出去。」

老根說：「天這麼冷，又下著雪……」

「不去又怎麼辦？」

包皮揮手擦了擦眼角，挽了挽已經快敞開了的棉襖懷，低著頭奔向那風雪瀰漫的街口。

老根傻了。他心底發涼，他知道包皮這是出去「搶季節」了。搶季節又是當地的一個風俗，是指各家的女人在這個「季節」可以上街頭巷口去拉客。客，也都是指木把。木把們沒有家口，又撈不著女人，平時又沒有錢進窯子，只有等到下雪木場子要開套時，打扮人的給他們開付完店錢後，每人給兩塊大洋現錢，以便洗澡剃頭，而許多木把捨不得花它剃頭，於是女人們便開始在此時撈木把這種錢，稱為「搶季節」。

這種交易極其簡便，而最早可能就開始於像包皮這樣的女人。本來包皮不

叫包皮叫瑞棠，也是從山東來這兒尋找丈夫的有家有口的人，可是最後兩手空空，落腳此地開這種夫妻店。沒有男人的女人開店招進孤身木把，她們能指望什麼呢？在這一帶，人人都明白「開店」的意思。可是，女人「招待」客人有時就得用這「包袱」卻是別處沒有的。包袱一詞，這是關東土語，又指包東西的布包。

這本是東北女人走娘家攜帶東西的一種用具：一塊布，裡邊包上要帶的東西，背上就走。這種小布包多是農家的麻花布，四四方方一塊，好看又普通。可是布包在這兒一帶卻演化成了另一種「意思」，那是「野雞」招客的幌子。這種包兒，已不是鼓鼓的裝滿東西的大包袱，而是扁扁的瘦瘦的那種，裡面裝的也多是手紙和棉墊，是女人用的。

這種包，不是背在女人的肩上，而是夾在她們的腋下……

她們夾著這種包在土道上走，木把打眼一看，便知道她是幹什麼的了。

這種生意極其隨意，辦時把布包鋪在胡同拐角處，女人坐在上面可以相對軟和一些，用完可以從中取出紙來使用，而且有了這包，可以隨時隨地「辦事」，到處都是「屋子」和「火炕」。誰發明的？不知道，於是人們管這類女人叫「夾包的」；而瑞棠便被喊成了包皮，是指布包皮兒的意思。可是一來二去，包皮也不反對，因她的真名瑞棠已經隱去了。

包皮是夾包這類女人已屬公認，平時她可以把任何木把領回客棧來，可眼下因為老根沒有被「認領」走，而她又不想錯過撈木把剃頭費的好季節，於是只好夾著小包走上街頭，可是老根，心中實在受不住了。人家為了把房子倒給自己住，夾著小包走上風雪交加的街頭，我還叫個人嗎……想到這裡，老根急忙在鞋幫上磕磕煙鍋，急忙奔包皮走的方向追去。

風雪中，長白山的臨江小街朦朦朧朧的。

老風吼叫著，在破舊的木楞房街道上刮著，雪花像鵝毛，大片大片地黏在一起，在空中一塊一塊地滾動。藥店和飯館子的店幌被刮得稀里嘩啦亂響。

風雪中，各雜貨鋪麻繩鋪都開了張。不少的木把在選擇開山斧、割繩刀

子、山貓子鋸，還有火柴和面鹼，在各條街道口處是三三兩兩的拉客女。

拉客女專揀那些喜氣洋洋的剛從雜貨鋪或剃頭鋪出來的孤身木把迎上去，笑一下，小聲說：「大哥，辦不辦哪？」

辦，就是發生性關係；不辦就是不發生。

這個詞不知何年何月在此地流行起來的。

木把們往往會立即停下步來。這是他們渴望已久的了。也有的年輕木把捨不得剃頭，早就懷裡揣著這錢在街頭找了。於是他們照例會問：

「開個價。」

「大哥，哪有這麼說話的？」

「總得有個數哇。」

「你能拿得起呀？走，完了再說吧。」

半推半就之間，木把被拉進她住的地方。而夾包的就拉木把來到街頭人少的一處牆角。

木把頭上嗡一聲，就什麼也不見了。他們什麼也不顧了似的瘋牛一樣的彎下腰去，連她和她身上的小包一塊捧起來，吼叫著跪了下去。

風雪在古老的破城裡呼嘯吼叫，有許多孩子專在這種時候突然湧出來「觀景」……

可這時，已進入狀態的木把們什麼也不知道，任憑孩子們觀看和指點；包皮們卻不以為然，她們往往大大咧咧地轟趕著看熱鬧的孩子們，說：「去去！鬧眼睛。」

小孩們哄一聲跑開了。

也有頑皮不走的，近一步靠前。於是一些過路的老年人就會叨咕著攆他們說：「小孩子，快走吧，唉！」

這一聲「唉」和感嘆，倒是把孩子們嚇走了。因那老人多是孩子的長輩。

當木把們直起腰後，女人開始使用她的小包，並開始講價。如開始說兩毛錢，這時要五毛錢。木把們這才清醒，說不值。女人們往往說：「我們容易

嗎？」

木把說；「你咋不容易，說說看？」

包皮說：「天當被，地當床。」

木把說：「啊啊，是不易。」

「大哥，那就再多給兩個吧……」

於是不一會兒，木把腰兜裡的剃頭錢兒，洗澡錢兒，往往會全部進了夾包人的兜裡。

老根撐到臨江街老十字街口的北街，往南胡同一看，包皮正在「接待」一個木把。那人看上去不比他老根年輕多少，但健壯得似牛犢子。

老根再也看不下眼去，他心疼地扭過臉去。

……包皮收完了錢又拉住一個時，老根衝了上去，說：「妹子！」

包皮驚訝地說：「是你？幹什麼？」

老根說：「讓你回去。」

那人一看，有人來，回頭走了。

包皮氣得說：「老根，你攪俺的生意是不是？俺饒不了你……」她回頭去追那走掉的木把，喊道：「大哥！大哥！」

終於又追上了，並拉住人家胳膊不放。

包皮對木把說：「怎麼，你嫌我老？」

木把連連說：「不，不是。姐姐不老……」

真的，在臨江街上，包皮不老，而且算年輕的。因為這裡，滿眼儘是男人。深山者林，女人不易存活，因此有女人，不論年齡大小，都是稀世之寶。許多在大城市妓館或窯子被嫌老不要的女人，她們往往說，走哇，上臨江，那兒是咱們的地方。

真的，在這兒，四十到五十的，是年輕的姑娘；更有一些六十歲左右的老女人，抹上紅嘴唇兒，頭上扎條盤帶，額上拔個罐印兒，腋下夾著包皮兒，都是嫩女人。

她們整天在街上走動，見人一飛眼，任何男人也受不住。人們不拿她們當五六十歲待，都是十七八歲。更何況瑞棠她一個外出闖蕩多年的人呢。

在這裡，人們真的不看年歲，不管年齡。年歲算個屁，女人以稀為貴。

當包皮終於又和那走掉的木把講妥時，老根也終於趕了上來。

包皮見身後的老根，徹底火了。

她大罵：「你給我滾！我不欠你的，不該你的，你反而來攪我？我不就是因為你在家，我才躲出來嗎……」

老根終於明白了。說：「瑞棠，你錯了！」

包皮問：「什麼？我錯了？」

老根說：「不，是俺說錯了。俺是讓你回屋去辦……」

「回屋？」

「嗯。這麼冷的天，我實在不忍心看著你在外頭的雪地上……」

「可你呢？」

「我怕啥？一個大男人。我在門口給你們打眼（放哨）！」

「唉！唉！方才我錯怪你了……」包皮這才連連地說著。

老根說：「唉，瑞棠，說哪去了，這客棧是你的呀。」

包皮趕緊去拉那木把，說：「大哥，走。這回有暖暖的屋子和熱熱的火炕。」木把瞅瞅老根，老根衝他點點頭，包皮趕緊拉緊那個木把往悅來客棧走去。當包皮和客人走進客店後，老根關上院門，重新掏出煙袋蹲在了地上。

他掏出火，點了三次都被風雪刮滅了。

這時，他身後的悅來客棧開始跳動起來。

原來，這一帶的所有房屋都是木質結構的，從牆到房頂一律木皮木板，甚至連煙囪都是樹木的空殼，人們稱為「木店」，就是房子。可是這木製的房子也有一個「特點」太過於明顯，就是人在裡邊的炕上一動彈，整個房子都跟著動，往往使木客棧整體地表露，那種顫動和傾斜有時讓人擔心它隨時會倒塌，可是這又是人們的多餘想法。那驚天動地的顛簸和響動之後，一切又如原始一

樣了。因此這一帶的人對那木製的客棧房屋「跳動」已司空見慣，而且此地的風俗是只要見到木房在「顫抖」，就不能敲門和打擾，更不能進入。這是規矩。

對於木房顫抖的季節，包括自己的丈夫見了，也不便打擾，更何況是外方人？

外方人來這裡，要入鄉隨俗。

但是，當地人毫不留情地給這些客店起名叫老驢店。驢就是驢，是東北山裡江邊拉爬犁拖木頭的動物，據說它們有頑強的生命力和旺盛的精力，因此在這兒又被當地人用來稱謂木把。他們真的，幹起活來，就如北方平原和山村裡頑強的驢，他們能吃苦，不輕易死，又耐疾病，特別是走進女人客棧的那些時刻裡，別說小小的木屋，就是東北的土地和大山都在抖動。他們願意進這種客棧，客棧也指望他們進，並依靠他們生存或存在，就像土地離不開江河，江河流淌在土地上一樣。既然他們被比作山裡有頑強生存能力的老驢，於是他們經常出入的客棧便也被稱為老驢店了。

啊！啊！

老根的背後，包皮的客店有節奏地上下起落著，那座客棧彷彿不是一個個體，而是一個群落，大山在隨風跳動著，由近前漸漸微弱，最後消失在風雪瀰漫的遠方。

老根把煙火在雪地上狠狠地按滅，站起來瞅著灰濛濛的大山想，明天俺一定進山。

老木把都大爺告訴俺，這就是那種木板「老驢店」的結構。這所房子，是他從松花江上漂流來他撈起後保存下來的，這種結構的房子已有一百多年的歷史了。

三、老根和小根

大雪在紛紛揚揚地落著。

一些木把，牽著牛、驢或者馬，拖著爬犁，走向了茫茫的長白山老林。

可是，老根心急如火。

一連兩天，沒有人來「打扮」老根。

或許是人們看他太老了，就沒有人來打扮他了。

第三天頭晌老根想，如果今天再沒有人來認領俺，俺也不在瑞棠這待了，是到離開的時候了。

這天他出來站在街口一望，就見一個老頭領著一個孩子牽著一頭驢站在那裡，老頭蒼老的聲音在叫喊著：「組套──！」

組套就是組織人合夥。

老根心想，沒人打扮自個兒，乾脆自己打扮自己吧，於是就走近前了。

那孩子叫小根，今年十六歲，領他來的是他的爺爺。都因小根的爹去秋在水場子上放排「起了垛」，人死排亡，借大櫃的房錢還不上，這一季山場子活一開始，爺爺狠狠心就讓孫兒上山組套，怕沒人「組」他，於是牽來一頭驢合算一股，可是幾天來還是沒人打扮他。這都因為木場子打扮人的明白，像這樣的小股子不好用，有家有口的，出點事麻煩。他們願意用沒家沒業的木把。家在關裡，命就捏在手上。而老根卻相中了小根。

於是老根就和小根的爺說明了來意。由他和小根組成一股套，給木場子大櫃用爬犁往山下拖木頭，他們兩個人加一頭驢，正好一個套。

開始小根爺有些不同意。本來小根急著要找活組套，而老根又是老人木把成手，正好可以帶帶孩子，可他不瞭解老根的底細，怕他把小根帶走害了，把驢賣了⋯⋯

老根看出小根爺的心思，就說：「爺們，你是不放心？」

小根爺說：「嗯。你有『靠』嗎？」

老根說：「請隨俺來。」

靠，就是「介紹人」的意思，是指一個外地人在當地投靠的地點和人證。而老根所說的「靠」，當然指包皮瑞棠了。他在人家住了一秋一冬，當然是

「靠」了，於是老根領著小根和他的爺爺牽著驢來到悅來客棧。見老根真有「靠」，小根爺就答應先給老根墊付他住包皮的房費三分之一的部分，餘下的開春「掐套」回來時再補上，條件是老根和小根與驢，每人算一個股，掐套時「分紅」二一添作五，三一三十一。條件就這麼講下了。

臨到分手，包皮又有些捨不得老根。

老根領著小根來到十字路口，包皮拉著老根的手說：「掐套你就回來，俺等著呢！」

「嗯。」

「別上別人家的店。」

「嗯……」

「俺的炕就是你睡的呀。」

老根說：「妹子，啥也別說啦。這一季沒人打扮俺，俺覺著怪對不起你似的……」

就這樣，老根和小根組成了一個套，他領著小根，牽著牲口往冬季的山裡走去了。

老根和小根上了山，加進了王老五大櫃的木場子隊的小股子套。小股子套又稱「散股子」，是一個大股子中的小組子。一個大股子由若幹個小股子組成，小股子兩人一夥一架爬犁，每天上山拖木頭，從山上的大雪窠子裡將爬犁趕至山下江邊，卸下木頭，再返回山去拉，俗話又叫「抽林子」。

抽林子，這是個最危險的活計。

使用的爬犁叫「疙瘩套」，兩個人和一口牲口組在一起，趕爬犁的叫爬犁頭，在他們這一組，老根自然是爬犁頭了。

抽林子之前，老根要根據地形把大樹順過來，大頭衝前，小頭沖後，放在一個木架子上，木架子上有眼兒，拴上繩套，套上驢，繫好了吊子，由老根趕著在前頭走。

小根呢，手使一個叫「挖槓」的工具，前後左右跑，不停地左右撥道，把

刮住爬犁的樹枝子、石頭什麼的撥開。這就是抽林子。

抽林子最怕的是「跑坡」。

而為了穩住吊不跑坡，在牲口前邊的人最危險，這個活當然就是老根的了。這一點，小根心裡有數。

你看每當下坡，老根往往和驢平齊靠在木頭巨大的圓面小，用自己的背和驢屁股抵住，防止下滑⋯⋯

這時，小根往往欽佩得眼淚在眼圈裡轉，心中在喊：「大叔哇，你可挺住哇！」

每一次，老根都是穩穩地，和驢一塊兒下了山。

小根想，就是自己少掙點也值，沒有人家老根，自己組不成這個套。

小股子們各股管理各人的牲口，老根把心都用在了驢身上，沒有這驢，他和小根將無法掙股。

這天抽林子，第二趟時遇上一道大坡。

老根把背緊緊抵在原木平面上，讓驢兒在他前頭，驢屁股往起一抬，熱乎乎地抵在老根的胸口⋯⋯

這，是一頭客驢。

老根，是一個光棍。

客驢熱乎乎的後屁揉得老根渾身發癢，老根再也忍不住自己，他拍著驢，驢猛地晃動一下，竟在一個大坑中把爬犁猛地拖了上去，引得老根眼睛一亮，他靜靜地瞅著遠天，想起了包皮。

拖拉木頭爬犁的牛、驢和馬，都由各自的牲口主人管理，特別是夜間需要加料調養，這叫人無外財不富，馬無夜草不肥。因為驢是小根的，上山後的夜晚都由小根自己餵，可是有一天老根突然對小根說：「小根，今後夜裡俺來餵驢吧。」

小根說：「大叔，你白天夠辛苦的。」

老根說：「我比你歲數大，覺輕。就由我來餵，別爭啦！」一晃，一個月

下來。

這天，大櫃派老根去袁家場子的爬犁套子上去幫助幹兩天活，那也是兩個新手，不會走套。老根臨走對小根叮嚀：「餵好驢！」

「嗯。」

「千萬餵好！」

「嗯。」小根心裡真是滿足，自己的驢，難得老根大叔如此關愛，他慶幸自己遇到了好伙子。

夜裡，小根去給驢添料，像從前爹和爺爺餵牲口時一樣，他用木料棒敲打著料槽叫喊：「靠──！靠──！」

可是奇怪，那傢伙靠過來了，不是頭，卻是後部。小根連吆喝幾遍，都如此。一旁給其他牲口包餵夜料的牲口倌老侯頭突然哈哈大笑起來，說：「他媽的傻犢子，你的驢是讓老根他餵順了……」

小根問：「什麼餵順啦？」

「哈哈哈……」老侯頭也不回答，磕著料簸子回到倉房裡去了。於是小根氣得，它靠來，小根就用木棒去捅它揍它，打得那驢真是無可奈何。

幾天之後，老根從袁家場子回來了，第三天早上，老根突然對小根說，「驢，你怎麼不餵好？」

小根說：「餵好了。」

老根說：「你說謊！」小根嚇得哭了。老根卻摟著孩子的頭說；「別哭。大概是大叔錯怪了你啦………」

這時，木櫃東家走過來說：「老根，明早你去亮冰台，修爬犁道。」

老根呆呆地瞅著東家，點了點頭。然後，他又撫摸著小根的頭說：「孩子，大叔要走了。你，好生看著驢，餵餵牠……」於是，他回窩棚準備去了。

修爬犁道都要起大早。小根沒幹過這活，但他聽別的老木把講過。那天早上一覺醒來，小根聽人說老根已出發了。天還沒亮，可山風颳得呼呼響，這是讓人擔心的事。修爬犁道就是夾風樟子，因為爬犁道怕風不怕雪。如果夜裡起

了風，道槽子上就會被風片起了「雪檳子」，這樣就不易爬犁行走，必須找人去修。在爬犁出發前去修，天還沒有亮，這時天叫「狗咵牙」，指最寒冷拿不出手的時候，不是一般的老木把，誰也不敢去，而有時，木櫃上為了報復和懲罰誰時，往往也派他單獨去修爬犁道。而據說，從前有個人上山打木頭，由於兩天兩宿沒撈著睡覺，結果倒在雪窠子上睡著凍死了，一場大雪把他的屍體埋上了。第二年開春人們看見他躺在雪堆裡，手裡握著開山斧，好人一樣待在那裡。一碰，他「嗷」一聲。

這是嘴裡堵的一口氣被放出來，從此，山上的木把夜間不敢一個人上山，早飯後，小根套上爬犁要上山，木場掌櫃的說：「你和吳四一個爬犁吧。」

小根說：「老根呢？我等他。」

掌櫃說：「別等了⋯⋯」

這時，夜裡專門餵牲口的老侯頭走過來，拍了一下他的肩說：「小根，換伙子吧。老根不會回來啦⋯⋯」

小根往山裡的爬犁道上走，心裡始終不明白老侯頭的話，遠遠的，爬犁道就在眼前了，他一眼看見，那高高的寒風吹刮的崗子上坐著已凍硬的老根。老根好像是抽著煙笑的樣子，眯著眼盯著遠方。

小根哭著，喊：「大叔⋯⋯」

可是，他一把沒拉住，手中的老驢突然掙開了韁繩號叫一聲奔林子裡跑去，林中撲撲騰騰地揚起雪片霜粉，被風攪起久久在空蕩蕩的林中飄著不願散去。

四、萬年材

在宣統年間，前進村既不叫倭瓜站，也不叫退搏，叫推通站。

在推通站屯西有一家姓孔，這家是當地的首富。他家主人非常好客，隨來隨往的人都在他家住。那時的郵差是騎馬背信袋子的，每人各管一段，六十里為一站。推通站的郵差在老孔家住，長期落腳在老孔家。他分管從推通站到縣

城這一段，每天送信必須經過張廣才嶺。這嶺一上一下三十里，不管從哪面上，都是上十五里，下十五里，可到這兒的人和牲口都必須休息一下才能走。冬天、夏天到這都得攏把火。夏天打打蚊煙（熏蚊子和小咬），冬天暖和一下手腳。這位郵差來回走到這裡，總有一塊木頭放在道邊，這木頭雖然不大，冬天取暖，夏打蚊煙，怎麼燒也燒不完。後來這背信袋子的郵差由於年老體衰不能送信了，就把這塊木頭拿到老孔家。在他臨死之前，又把這塊木頭送給了老孔家人。他覺得老孔家對他不薄，要送給他們做個紀念，並把這塊木頭的來歷也和老孔家說了。經過老孔家多次考察試驗，認出這塊木頭是萬年材，老孔家就把這塊木頭當成寶貝留起來，從此老孔家也接過送信的差使。

這一年，從京裡來了公文，那時公文從京城往寧安送，六十里一站，誰也不敢耽誤。這公文到了推通站，正趕上除夕晚上家家過團圓年，老孔家的女人心裡很不是味兒，心想大過年的誰還跟你扯這個，就把這公文給燒了。這一燒不要緊，京城和寧安沒看見公文可急眼了。就一站一站追查，最後追查到老孔家，一問說給燒了，這還了得，當時就把老孔家的當家人押到京城去了。臨走前老孔家當家人思前想後，啥也沒帶就帶這塊萬年材，準備到京城，用萬年材將功贖罪。到京城後，老孔家當家人把萬年材一獻，說：「我要獻寶贖罪。」宣統皇帝問：「你獻什麼寶？」孔家主人說：「我獻萬年材。此材永燒不盡，萬歲基業永盛不衰。」宣統皇帝一聽，他念的是吉祥嗑兒，獻的是萬年珍寶，當時就赦免了老孔家的罪過。而且還封老孔家一個大官，給老孔家修了一座牌坊，門前還立著杏黃旗。不論大官、小官，文官都得下轎，武官也得下馬。到現在雖然牌坊和旗杆都沒有了，但是夾桿石還在供銷社門前撅著呢。這個故事流傳在蛟河前進鄉一帶。

五、斧劈椵樹精

這還是清朝的事情呢，在長白山的一個木場子裡，有一個姓萬的木把。這萬木把是山東人，別人都叫他山東萬，又因為長得腰粗膀寬，好似駱駝，又有

人叫他駱駝萬。

山東萬做木頭的手藝可是遠近出名。他用的銹子足足有二十五斤，別人銹一方木頭，他就能銹兩方。做的木方又平又直，棱是棱角是角的。他的大砍斧足足有九斤重。他掄起大砍斧唿唿一陣風，幾抱粗的大樹，幾斧子就撂倒了。別人都使牛爬犁拉木頭，他不，二尺五見方八尺長的木頭，扛起來，蹬蹬蹬就走，連大氣都不喘一口。要說起放排，他更是了不得，垛插得山一樣高，他一個人就敢去挑垛。木排散了，他就踩著根單桿木在江裡走上走下地抓木頭。

山東萬對木把弟兄可好了，誰的樹放不倒了，他就去掄幾斧子，幾斧子就倒了，誰的爬犁陷住了，他就去拽一把，一把就拽出來了。把頭們一折騰木把，打罵木把，他看見了，就幫木把們使勁兒。他攢起大拳頭，胸脯一挺，破口大罵。把頭們也不敢惹他。一來，他塊頭大，惹急了，點一指頭，踹一腳，不要命也脫層皮。二來他力氣大活計好，幹起活來一個頂幾個，又不多賺一個人錢，就只好忍著他，順著他。他給木把們撐腰出氣，木把們沒個不喜愛他的，誰有個什麼大災小難的都願意找他幫忙，他沒個不答應照辦的。

有一天，雞叫頭遍，把頭們正在工房子裡睡覺，大師傅做好飯，正在搶鍋。這時，就聽見一個甕聲甕氣的聲音說：「大大攢一團給我老段！大大攢一團給我老段！」大師傅一撒目，好傢伙，只見從窗口伸進一隻毛烘烘的大手，那手活像小簸箕，又大又厚。大師傅可嚇麻爪兒了。可那傢伙仍伸著大手，一聲接一聲地喊叫著。大師傅沒法兒，只好撐著膽硬著頭皮，鏟了一大木鍬飯倒在那隻大手中。那隻大手縮了回去，聽得見巴哧巴哧咀嚼聲。不大工夫，大手又伸進來了，又喊：「大大攢一團給我老段。」沒法子，大師傅又舀一大盆飯倒在那隻大手中。不大工夫，那隻大手又伸進來，喊叫開了。

大師傅只好又舀又倒。

一頓傢伙就把一大鍋大子乾飯吃了個一粒不剩。飯吃光了，那傢伙也走了。

那傢伙一走，大師傅就把木把們喊起來，把前前後後的經過一說，木把們

聽了又是驚又是奇。現做飯不趕趟，把頭不管你吃沒吃飯，緊催著上工。大夥又憋氣又窩火，只好空著肚子去上工。做了一天大木頭，粒米沒進，有些人幹不動了，有些人就倒在地上不能動彈。山東萬見了這光景，心裡真難受。他袖子一挽，說了聲：「俺才不管它老段老楸的，今兒黑間看俺的！」

這天黑夜，山東萬就搬到廚房炕上躺著。雞叫頭遍，大師傅又搶鍋時，那隻大手又伸進來喊：「大大攛一團給我老段！」山東萬一宿沒闔眼，巴不得他快來。聽它一喊，他悄默悄聲下了炕，摸到窗前，那傢伙正一口連一口地嚷叫著。山東萬一個高兒躥起來，一把就握住了那隻大手，那傢伙見手叫人抓住，就往回拽。可咱山東萬的大手就像老虎鉗似的，扣得緊緊的，哪能拽得出。

山東萬就往裡拉，那傢伙就往外拽，拉啊拽啊，拽啊拉啊，只聽咔嚓一聲，山東萬一蹌踉坐了個屁股蹲。一看手中，哪是什麼大手，原來是根老粗老粗的椴樹槓子。

這天早上，木把們吃了頓飽飯。打這以後，這傢伙再也不敢來搗亂了。

過了好些日子，一天晚上，三號工房的木把們一個拉胡琴，一個哼著唱京戲。正唱著，門吱嘎一聲大揭大開，隨著閃進一個人來，那人進來就甕聲甕氣地喊：「快當啊，各位師傅！」大隊抬眼一看，呵，好一個黑大漢，身子足有一丈五尺高，腰足有四五抱粗，兩眼好像兩盞小燈，臉蛋黑得像鍋底。冷眼一看，真好似鐵塔。這傢伙一動腳步，地都顫動，往炕沿上一坐，壓得碗口粗的炕沿呼哈呼哈直響，眼看就要壓折了。深山老林子裡哪來的這路人？房裡的木把們嚇得目瞪口呆，說不上話來。

他坐好了，就甕聲甕氣地說：「拉拉唱唱給我老段聽聽，拉拉唱唱給我老段聽聽！」大家一聽又是「老段」，嚇得頭皮都發麻，但也不敢不照辦，只好一個人拉一個人唱。那些人就你瞅我，我瞅你地陪著，拉啊，唱啊，唱啊，拉啊，一個時辰，又一個時辰。他立著耳朵一個勁兒地聽。還不讓歇著，一歇著，他就甕聲甕氣地喊。大眼睛又大又亮，誰敢不依他，就這樣鬧騰著。拉胡琴的拉得兩手起了水泡，唱的人嗓子沙啞了。其他的人也不敢闔眼，一直鬧騰

了一宿，雞叫了兩遍了，他才站起身，甕聲甕氣地說：「下黑我老段還來！」說完就揚長而去。

天大亮了，大師傅端上飯來吃。木把們拉唱了一夜沒闔眼還得照舊去做木頭，哪有力氣呀？這還不算，這傢伙晚上還要來，還得一宿不睡覺，這樣下去，不嚇死也得熬死。大夥合計，就去找山東萬想辦法。

山東萬一聽，二話沒說，就答應了。晚上吃了晚飯，他就拎起斧子來到三號工房。他一高兒跳上炕，在炕裡邊盤腿大坐，把大斧坐在屁股底下。不大一陣工夫，只聽嗡啅嗡啅地響，門又嘎吱一聲開了，那個黑大漢又閃了進來，甕聲甕氣地喊：「快當啊，各位師傅！」

因為今晚上有山東萬在場，大夥膽子都壯了。大夥按著山東萬的吩咐，齊聲回答：「快當，快當！」黑傢伙往炕沿上一坐，又甕聲甕氣地說：「再拉拉唱唱給我老段聽聽。」拉的人唱的人也爽爽快快地回答：「好。」就又拉又唱起來。拉得有板有眼，唱得清脆洪亮，黑傢伙張著大嘴仄楞耳朵聽得入了迷。

這節骨眼，我們的山東萬悄悄站起身，摸起大斧子，湊到黑傢伙背後，把大斧一掄，使出全身力氣，照準黑傢伙的腦袋，著著實實地劈了下去。只聽「撲哧」一聲，「嗥」一聲吼叫，山東萬的大斧子怎麼也拔不出來了。只見一流火線，直奔屋門衝出去，把山東萬也拽了個跟頭，那傢伙衝倒了牆壁，衝毀了大門，在外面還唔嗥直叫喚，那聲音真嚇人。

山東萬大手一揮說：「俺這一斧子劈得可整不離，它再也不敢來了，大夥睡覺吧！」這一宿大夥可真睡了一個又香又甜的好覺。

第二天，天大亮了，木把們起來一看，屋裡滿地是血。山東萬跟大家碼著血蹤往前追。過了一道道山，過了一道道澗，呵！在一立陡的大青石砬子上，長著一棵又粗又大的大椴樹。這棵椴樹老枝老干，根子盤曲糾結，光樹身就有十幾抱粗。樹頭上有一個老樹枝斷折了的新印。山東萬那把大斧子還頂在樹身上，只有斧把露在外面。原來是這棵老椴樹成了精。

六、木把的女人與酒

在長白山裡，有一個出名的木把，叫季怡訓，他從小由山東闖關東來到東北，在長白縣的深山老林裡當木把。

關於他，有一個女人與酒的故事。

在長白山的木把當中，誰要能說得起媳婦，找到了女人，誰就是被木幫的弟兄們羨慕的對象，說明你有能力、有本事，於是，別的木把也都尊敬你，長白縣的木把季怡訓就是這樣。有一年他上山伐木。那年雪大呀，老林子裡鋪著厚厚的白雪，沒有人煙，沒有道眼。

這天爬犁腿壞了，他下山買套。

在一個被大雪壓塌的窩棚裡救出一個女人和她領著的四個孩子。爬犁頭說：「老季呀，她成了你的女人啦，領回去吧！」於是，在爬犁頭的主持下，老季在山場子裡的雪地上擺上兩堆蘑菇，放上兩碗酒，就和女人拜了天地。

女人叫曹月娥，領著孩子闖關東找她男人，男人沒找到，卻差點凍死。

她對季怡訓說：「你能待俺和孩子好嗎？」

季怡訓說：「你願意當木把的妻嗎？」

於是，兩雙淚眼對著，跪在雪地上磕頭。

木把弟兄們一個個地在雪地上又蹦又跳地歡呼：「有女人啦——！有女人啦——！」

那年，季怡訓四十多歲了，他有了曹月娥，他愛她，愛得要命啊。他和月娥生的第一個孩子叫春生。

曹月娥呢，她曾經失去過一個男人了，她不能再失去他呀……

每次放排出發，她都是提心吊膽地送到江邊，說：「老季，你可回來呀！俺和孩子等著你。」

說著，已是淚流滿面。她看著木排順著激流奔馳而下，消逝在大江的遠方，這才慢慢地一步一回頭地走回家。

丈夫這一走，少說也得半年回轉。

有多少險灘和激流在等著他？他是否再能平平安安、完完好好地回到她的身邊……

於是，她開始喝酒。

每日吃飯時喝點，每天睡覺前喝點。喝在她的嘴裡祝福在她的心中。每次喝，她都在心中默默地叨念：「春生他爹，俺替你喝上這口酒！讓水神保佑你；春生他爹，俺替你喝上這口酒，讓山神保佑你……」

久而久之，曹月娥酒量越來越大。

還有一個原因。

當年，季春生之父季怡訓是長白山裡出了名的木把，他才有可能娶到媳婦。可是他的那些窮苦的木把弟兄們，沒有個能有家口，於是每年過年過節，他都對那些孤苦伶仃的木把弟兄們說：「到俺家去過吧。」

木把們往往開玩笑，「你的女人，能讓俺摸摸嗎……」

「摸吧。弟兄們，誰跟誰。」

木把們一個個哈哈樂著，可眼裡卻淌著淒苦的淚。

老季在鴨綠江上流放了一輩子排了，他最理解木把們的心。每年過年，他都讓媳婦蒸上幾大缸饅頭，讓木把弟兄們來，到他的炕頭上歡聚，過過年節。

曹月娥咋能不理解丈夫的心呢？

每年到年三十，一早上，一幫無家可歸的木把，破衣打掛地推開他的家門。說：「老季頭，你有家有業了，我們沒有。上你家過年來了……」

「來！上炕！」

季老木把喊著。饅頭早已蒸好，用大缸裝上，不裂不乾。不走形，吃起來味兒鮮。

有一個老「孤魯棒子」（獨身木把）撲通給季大把和曹月娥跪下了，認他們為乾爹乾媽。

這時，丈夫瞅著一個個爬上炕的木把兄弟，對媳婦說：「月娥，陪陪他

們。」

這是多麼簡單的一句話，這又是一句包涵著無限愛的話，是對妻的心疼，是對木把的親情，是對大山的摯愛，是對大江的苦戀啊。

妻，點點頭。強嚥下苦楚的淚，又端起了木製大酒碗。

山裡人喝酒，尤其是木幫，不用酒杯。瓶裝用瓶，簍裝使簍，罐裝用罐，盆裝用盆。木把們一個個心裝著苦情，喝起酒來不要命。可月娥畢竟是女人啊！但她又首先是木把的妻子。於是，她也端起了傢伙。

木把們輪流和她碰杯，說：「嫂子，陪兄弟一把！」

「大妹子，乾！」

「大姐，喝一口！」

大夥輪流逼她一個人，季木把看在眼裡，疼在心上。但在這節骨眼上，他什麼也不能說。

每年過完年，春生娘就大病一場。

兒子親眼見過，當過完年，木把們都走了，娘就像死人一樣躺在炕上，臉上蠟黃。爹呢？流著淚。大把大把地流著淚，給娘揉著手和腳……

季怡訓對曹月娥說：「月娥，你恨俺嗎？」

月娥說：「孩兒他爹，我不恨你。誰讓俺是你木把的妻來的……」說著，一下撲進丈夫的懷裡，哭了。

妻，那委屈又無奈的生活給她心靈上的壓力太大，而這一切，丈夫又辦不到。在無人的夜裡，他把妻子緊緊地貼在胸口，讓她去哭，去盡情地哭泣。

從一小起，木把的孩子就懂事了。他們從父親對母親的疼愛中，過早地成熟起來。

沒有人能理解長白山人，許多理論專家只是認定長白山人的樸實和憨厚，可是一舉例子，就舉不出來了。長白山木把啊，你那善良和慈愛的人與人之間的親情，不正是從本質上反映了黑土地的恩恩愛愛嗎……

就是他和曹月娥的情，使他在關東山裡待了一輩子。後來，妻子故去了，

他也老了。有一年，山東家鄉人捎來信，讓他回去續家譜。可是他看看月娥給他生的孩子，心裡又有了精神，覺得再幹幾年再回關裡續家譜也不遲。

於是就對兒女們說：「我不忙回去。」

兒子說：「家譜你不能不續。」

老爹說：「續什麼續！忙啥？再幹幾年，回去好好續。」

「可你，不回去看看親人……」

「唉，哪有啥親人啦，就剩個老四。你嬸還是個瞎子，再沒人啦……」

「爹，我看你還是回去看看！」

「我十六歲闖關東，續什麼家譜，咱都不認識了。我當了一輩子木把，哪有家呀！」

兒子再也不敢勸了。

可是，到了季怡訓八十歲以後，一病就起不來了，他病倒在炕上，卻對兒子說：「春生，我想家了……」

「爹，俺送你回去。」

「可我，走不動。咋辦？」

「我背你，抱著你回去！」

兒子是在安慰他。

因為，兒子知道爹已經回不了家（指山東關裡）了，但爹卻天天嚷著回家。他一天比一天愛喝，越喝越多，邊喝邊說：「俺去追你娘……」

他時而讓小兒子領他上妻子的荒墳上去看看，在墳前的荒草地上坐一會兒。坐著，呆呆地想什麼，嘴裡不停地叨咕「俺回不了家啦！月娥，我留下來陪著你……」

最後，他死在了關東。

七、拉幫套

這個詞，其實來自於東北的大車。

從前，東北的大車是用馬拉的，大車往往用多匹馬。靠著車轅裡的那匹叫「轅馬」，是車的主角，車的快慢、停車和「坐坡」全靠它的本領，而轅馬兩側的馬叫「幫套」。幫套又分「裡幫套」和「外幫套」，是指套在車左和車右的那匹牲口。

　　幫套，顧名思義，就是「幫」著主馬來拉這輛車。可是，不知從什麼年代起，東北的民間已將「幫套」這個詞用在了「婚姻習俗」裡，於是「幫套」是指一個女人已有了一個男人，可是又可以明目張膽地「招」來第二個男人，或女人的男人親自認可這個後來的男人和本來屬於自己的女人一起生活，並「生兒育女」！

　　於是這個「幫套」就形象地如一匹「馬」幫著另一匹拉車的馬，於是又叫「拉幫套」。

　　久而久之，拉幫套已從馬車或牲口的使用形式中分離出來，帶有了濃厚的社會學的意味兒，「拉」變成了「拉扯」，「幫」變成了「幫助」，而拉幫套則變成了一種婚姻的特殊組合形式。

　　可是，這種只有東北長白山才有的特殊婚姻形式，幾乎都與長白山伐木、放排的森林之人有關係，又有許多「淒苦而傳奇」的故事在裡邊。

　　有一個人，叫耿三，是長白山裡的木把。可他只幹山場子活，就是只管伐木、拖木到江邊，不做水場子活（放排）。這樣，冬月伐木活完了，他就要找個「家」住下，等到第二年冬季一下雪再上山。

　　這一年，山場子活掐套了。

　　耿三兜裡揣著「嘩嘩」響的大洋，又在尋思上哪個「家」。

　　這上哪個家，就是指他在尋思拉誰的幫套。應該告訴讀者的是，在從前的長白山裡，女人少，男人多。所以諸多的男人娶不起「家口」（女人），於是只好尋思誰家男人老了，幹不動活了，或男人有些殘疾的，這就可以去「拉幫套」，混一混，嘗一嘗和女人過日子的滋味兒。

　　可是，像耿三這樣的男人多的是。

耿三如今已五十了，他從二十多歲闖關東來長白山裡伐木頭，如今已幹了幾十年了。從前每年山場子活搯套後，他就和幾個沒家的獨身木把待在山裡的木把房子裡。他在夢中和女人結過婚！可是如今，隨著一年年的歲數增大，他越來越渴望那事，於是他決心去拉幫套。可是，拉誰的「套」呢？

突然，他想起了徐老五。

徐老五本是和他一樣的一個木把，只不過徐老五是當地人，記得幾年前他在一次「抽林子」（拖木頭下山）時，木車子放了「箭」（爬犁下坡穩不住），一下子把徐老五的腿砸傷了，他被人用爬犁拖回家去，估計他養活不了女人啊。

徐老五家在離山場子一百二十里遠的靠山屯。

說走就走，耿三立刻動身，晚了他怕別的孤身木把也想起徐老五這個茬兒；再說，他昨天吃飯時已把話挑明，徐老五那裡，他去「拉」幫，別人別再去「惦記」啦。

拉幫套也有「先來後到」，這是這一帶拉幫套「群體」人的「道德」。

木把都是講究之人，他們往往默默地遵守著這沒有條文的「婚姻法律」。

出了山口就上了平原大道。

這時已是早春，老天突然颳起了大風。乾燥的春風把塵土、草片子、樹葉子攪在一起，拋向空中，刮得耿三睜不開眼睛。走著走著，天就黑了，耿三也辨別不出方向了。

遠處的一個地方，幾點火亮孤零零地閃著。是人家？是孤墳上的墳燈？大風還在號著。耿三按了按藏在破棉襖裡的十幾塊大洋，心想可別碰上鬍子。錢是殺人刀。鬍子見有錢必殺了他，這叫「滅口」哇。這時，風可能也刮累了，停下喘息。走著走著，耿三也累了，他坐在剛剛吐芽的荒草地上點著一根煙抽著。

突然，前邊一個火亮一閃一閃，原來是一個撿糞的老頭過來了。老頭眼花，但也發現前方有人抽菸的火亮，就打聽：「上哪兒去，爺們兒？」

「前邊。」耿三也不知前邊是哪兒。

老頭說：「前邊？前邊是靠山屯呀。外來的還是串親家？上誰家……」

耿三一聽自己瞎走已來到了靠山屯，就說：「上徐老五家……」

東北老鄉都是一些熱情的自來熟，這一會兒二人已經臉對臉地抽上了煙，老頭熱情地說：「啊呀！上徐老五家。這麼說，你是他表哥？」

反正他人老眼花也看不清，耿三說：「是呀是呀。」

「頭年他就叨咕，他爹打算讓他哥來，幫幫他打打柴火，春天種上地──不就好過日子了嗎。」

撿糞老頭又熱忱指點一番，就奔他家靠山屯旁的三合屯走去了。耿三也來了勁兒，他掐掉煙火，直朝村西頭那閃著孤獨火亮的小屋奔去。偏趕這時徐老五家的狗不在家，耿三一敲門，裡邊一個女人問：「誰呀？」

「俺。」

「你幹啥？」

「老五在家嗎？」

「你是他啥人？」

「俺是他大哥。」

「哎呀哥，都等你啥時候了你才來，人家尋思你不來了呢……」

屋門嘩啦一聲打開了，女人邊繫著襖襟兒邊走出來，手裡執著一盞小油燈。這是個三十歲左右的女人，渾身上下衣裳都是舊的，卻裹不住她一身豐滿的肌體。頭髮未經過精心梳理，可濃黑的青絲下一雙大眼睛格外打人，一笑時，鼻子和嘴角很招人看。特別是那沒有繫上的胸扣，露出一對奶子的邊緣，在燈影裡，那樣子更耐人尋味。當她發現來人不是丈夫的大哥時，高興地一歪頭，大膽地問：「在哪兒來？快進屋。」

耿三一步邁進了屋，這才看清坐在炕上的徐老五，還有炕邊上的一副樹丫子削的雙拐。徐老五再也不如前幾年了。他消瘦蒼老，貓個腰坐在炕上抽菸，嗓子眼兒吱吱響，發出東北晚上出來覓食的耗子聲。他就像一堆破爛兒堆在那

裡。

女人說：「坐這炕，那炕有味兒！」

耿三說：「和兄弟嘮嘮。」

徐老五隻顧抽菸，往炕裡挪挪，用手拍拍炕沿，說話費勁兒。他這是客氣了。他知道自己無能，在人前矮了一節。那年，他離家上山伐木，走前爹娘給他說了媳婦。船場孫家的小姑娘綵鳳，爹娘圖惜老徐家一頭黑兒馬子拴車，就作了姑娘的身價，綵鳳十九，徐老五二十八就到了一塊，可誰知第二年老五從山上回來就拄上了雙拐，從此綵鳳就沒懷上孩子。

老徐家五個兒子，輪到他這一輩出息個「不打籽」，徐家明知是自己兒子的事，因此對媳婦綵鳳是又哄又寵，生怕人家遠走高飛了。後來，丈夫徐老五也徹底灰心了。他也曾經勸過女人，去找一個來，幫他「拉拉套」，北炕讓給你們。

這樣一來，綵鳳反而動了女人心，她不願意離開老五，也許這就是自個兒的命。再說，就是找一個「拉幫」的，也不知是啥樣人，心下沒底。可惜她就像一朵鮮花，只好幹晾著。老五覺得對不起女人，心中只有怨苦。

「老五，我是耿三呀。」

耿三坐在南炕徐老五身邊，這樣說。

「誰？你是……」

「耿三。」

徐老五簡直不敢相信自己的耳朵，他像狗一樣，從炕裡爬上來，接過媳婦手裡的小油燈，上上下下照一氣。說：「可不是咋的！啥風把你吹來啦？」

耿三說：「山場子活掐套，我特意來看看你。」

徐老五一下來了神。他把兩條廢腿權當墊子，往屁股底下一塞，一把拉住了木把耿三。又扯過煙笸籮說：「大哥，自個兒卷，抽著……」又喊媳婦，「綵鳳，快把灶坑火捅著，燒點水喝喝！」

女人一開始見來一個陌生男人，她心裡是挺樂和的，但一聽說是癱巴男人

從前的木把夥計，又挺煩心。她本想溜出去串門子，又聽見男人喊她生火燒水，在外人面前她又不好回絕，於是不吱聲，走到外屋。

樹枝子木柈子在灶坑裡燒得咔咔響，黑暗朦朧的外屋被火兒照亮，女人的影子顫抖地印在北牆上，十分神祕……

屋裡，兩位哥們兒侃開了。

多少年的陳穀子爛糠，一一搬出來。癱巴男人彷彿也沒了他癱巴這碼事，他拍著炕席感謝耿三那年帶他去拜見木場子大櫃；他感謝要不是耿三在危難關頭用屁股死死頂住了木頭，他徐老五說不定已不在人世上了！

耿三也被感動了。看看眼前，想想過去，二人越嘮越懷舊，禁不住鼻涕一把淚一把地哭在了一起……

徐老五問：「可你這是上哪兒去？」

耿三說：「我也不知道。反正掐套後沒處去，我外出找找活！」

屋裡倆人一哭，一下子震醒了女人的心。

先前，她不理她那窩囊男人的伙友，可當她有意無意地聽到自己的男人也有瀟灑的過去，並聽到他們盡情的哭聲，她的心也興奮了。別錯怪了男人們，他們也有一顆心呢。於是，綵鳳先是靠在門口聽；後來，乾脆端上大碗白開水順便坐在炕沿上；再後來，她遞過一條黑了巴察的手巾說：「都擦擦淚。你們哪，哪像大老爺們兒……」

「哈哈！」

「哈哈！」

二人乾笑著。在女人面前，彷彿兩個不懂事的孩子。突然，徐老五沉思起來。半天，就見他把煙鍋在炕沿上連連磕著，說：「耿大哥，我求求你了，你哪兒也別去了。這兒就是你家。今後，有我吃的就有你造的，有我鋪的就有你蓋的，你死了買不起棺材，兄弟我用葫蘆瓢給你蓋臉……」

老五興奮得可炕轉圈兒。

綵鳳聽著癱巴男人的安頓，上牙咬住下唇。她把頭靠在門櫃上，瞅著灶裡

木頭燒後的紅紅的火炭，說：「老五，你們哥兒倆等著，我去弄兩個菜，你們倆喝幾口……」

女人多麼利索，土豆炒芹芽、兩碟醬缸小菜，轉眼間就端了上來；一壺鄉下老燒，倆木把伙友，一對一地喝開了。男人一勁兒喊：「鳳！夾菜。鳳！給你耿大哥倒酒……」

窗外，春風已經刮累了，這會兒停了下來。四野靜靜的，只有徐老五家房上飄著熱乎乎的煙氣。老五看出，女人異常興奮。他把最後一口老酒猛然灌進肚，說：「鳳，時候不早了。你和耿大哥去小倉子裡把麻花被套夠下來，也該歇著了。」

「嗯。」

女人答應著。她拿起放在灶台上的小燈，低聲說：「大哥，走……」

綵鳳在前，耿三在後，走出屋去。

春夜裡，風後，天色很藍，星星明明朗朗地閃著，這一顆那一顆鑲在關東的上空，四野靜得出奇。

倉房在房山東頭，幾乎進了房後。

這兒寂靜、冷落。平時沒人來，這時更黑得可怕。燈在女人手裡。不知怎麼，耿三嚇得不敢邁步。

「跟近幾步，你……」

女人說。語氣中，有一種親暱和神祕。耿三趕緊走幾步上去，亮處，看見綵鳳緊緊的屁股，在光亮處擰動。

「吱——呀——」小倉門被推開了。

他倆停在門口。一股濃郁的鄉下過日子人家的氣味兒飄過來，谷糠、車具、皮套包、席囤子混合在一起的味兒，牆角還供著「狐三太奶」。「狐三太爺」的像被老耗子嗑爛一邊，耷拉下來看不見臉色。在一堆農具上方的檁子上，高高地懸掛著一卷麻花被套……

「你，跟緊俺呀。」

綵鳳說完，一手執著小油燈，一手緊拉住了耿三，身後，小倉門「呱嗒」一聲關上了。

綵鳳回過身來，一雙大眼睛落在耿三的臉上，立刻，耿三感到她的手燙人。他說：「綵鳳，大嫂，我說妹子你，你趕快夠被套哇！」

綵鳳點點頭，一步邁到那堆農具上去。可是農具上的她根本站不穩，身子歪下來，耿三趕緊去扶，這樣一來，油燈不平衡，燈油淌過來，芯子一下被淹滅了。黑暗中她倒下來，一下子砸在耿三懷裡，壓得他喘不過氣來，而且綵鳳一對緊實的「小山」抵在他敞開的胸脯上，揉得他渾身顫抖。

他們在黑暗裡沉默著，突然，綵鳳一雙胳膊勾住耿三的脖子，瘋了一樣盤在他的身上……

靠山屯一片寂靜。

有一股小風颳來，屋子門口半拉葫蘆瓢時而呱嗒呱嗒響。徐老五的嗓子眼兒吱吱叫著，像一隻偷喝鹽水的耗子，但他還是拚命地抽辣辣的蛤蟆頭煙，一袋接一袋，已經抽了三五袋，可媳婦和耿三還不回來。

他知道，哥不來了。開始，爹娘疼他，又怕家散了架子，就籌劃想讓大兒子來。後來大兒子來不了，就派人捎信給老五。那天綵鳳下地沒在家，所以至今她也不知男人的哥不來。家裡繁重的莊稼活全靠她一個人，可如今，突然闖來一個「大哥」，老五該知道這是怎樣一個「大哥」。

而綵鳳呢，自從老五變成了癱巴，她也就認命了，這是自己的命。以後，屯裡許多有家的無家的男人都想「幫」老五拉這個「套」，可綵鳳嫌這些人都在一個地帶，每天抬頭不見低頭見，她始終沒吐這個口，可如今，闖來一個「大哥」，也可以和屯人說這就是老五他大哥呀。因此，自從見了耿三，她就有一種壓抑不住的內心的喜悅。

綵鳳緊緊抱住耿三，不鬆手。

耿三在一陣翻云覆雨之後，已是氣喘吁吁的，說：「被套……摘被套！」他「偷」了人家的女人，心下有些懼怕。

「不忙。」綵鳳把熱臉貼在他臉上。

「可他……一定嫌時間長了……」

「傻子。」

「誰？」

「你！」

綵鳳說：「屋裡被縟本來夠用。他是故意讓咱們出來。耿三，我問你！」

「啥事！」

「你是真心來拉我們這副套？還是……」

「鳳，我一片真心。」

「你怕不怕日後老五恨你，村民羞你，老徐家人罵你？」

「我……」

「怕了吧？」

「不，不怕。我有了你，就什麼也不怕。」

「嗯。」綵鳳說，「可是還有一關，你能過？」

「什麼？」

「日後，我們有了骨肉，可不能喊你『爹』……」

「這……」

綵鳳此時也覺得這話說得有些過火，於是趕緊又說：「耿大哥，現在不說這些了，咱們回去吧。」於是他們夠下被套，往回走。

在院子裡還看見屋裡一閃一閃地亮著火亮，可是進了屋，卻聽見老五呼呼地打著呼嚕，彷彿睡得很死。綵鳳不吱聲，她把被套放在南炕老五身邊，把自己的被抱到北炕，鋪好。黑暗中，她把熱唇貼在耿三的臉上，「叭」地親了一口，擰身上了南炕，睡在了丈夫身邊。

自從徐老五「默許」耿三成為他的「幫套」，徐老五變得越來越沉默，有時他幾天說不上一句話。春天開始種地了，家裡和田裡一切勞累的活都是耿三幹；晚上，老五知道自己「無能」，他於是眼看著妻子綵鳳走向耿三住的北

炕，把他孤零零地拋在南炕。

　　為了有些遮擋，綵鳳在北炕掛了一個幔帳，但是離南炕只有幾步之途，有時她和耿三正親熱，南炕傳來徐老五狠狠地用煙袋鍋敲打炕沿的聲音，並無來頭地叨咕著什麼，接著就嚷著讓綵鳳來陪他。綵鳳來陪他，可迎接她的是一頓非人的折磨。這時的徐老五往往哭著。

　　這時，綵鳳也流著淚啊。

　　她彷彿也知道當著丈夫的面和另外一個男人在一起這種「風俗」是多麼不合理，也有點不自在、不合情。

　　有一回，耿三實在受不了了。

　　耿三從北炕跳上南炕，雙手掐腰地罵道：「徐老五！你這牲口！你不折磨她行嗎？」

　　老五也不回話，突然他操起早已藏在被窩的枴子，狠狠朝耿三砸去，耿三一躲，枴子重重地落在炕沿上，碎成兩節。

　　光陰是那樣快，逼走了無數歲月；大江凍了又化，化了又凍。從綵鳳和耿三去倉房取被套，一晃十六年過去了，綵鳳生下兩個孩子。大的是丫頭，取名小英子；小的是小子，取名小來福。

　　關東的農人，一輩子就和老天爺靠，面朝黃土背朝天，順著壟溝找豆包，大片荒地全靠耿三和女人一鎬一鎬去刨。耿三一點點地老了，黑髮間開始有白髮夾雜著了……

　　而自從徐老五打斷枴杖，耿三一個人睡在北炕，南炕是女人和他。

　　而綵鳳呢，她是決計夜裡的「損失」白天給耿三補吧，誰讓她是個女人呢？誰讓她這輩子不明不白地擁有了這樣兩個男人呢？

　　太陽升起一竿子高時，綵鳳對身後打土疙瘩的女兒小英子喊：「回去做飯……」

　　孩子一點點地大了，那年女兒已經十四了，兒子也九歲了，她彷彿總是發現自己的父母和「耿大叔」之間，有一種什麼關係。小英子扔下鎬頭，一把拉

住弟弟，說：「走！」

不只是靠山屯這一方一土，彷彿整個關東的荒原上就兩個人了。他覺出一雙火辣辣的目光。他拄著鎬，站在那裡望著遠方的地平線，額頭的青筋一條條暴起。

女人昏了似的在他腳邊的壟溝裡躺下，說：「老天爺，我這一輩子，跟他沒享著一天福……」

耿三跪下來，雙手摀住臉。

他心疼。自從他來到徐家，除了綵鳳外，老五、女兒、兒子沒給過他一個安慰的目光。特別是自己的骨肉，眼瞅著依偎在人家的懷裡，世上還有比這種事更折磨人的嗎？

「冤家，還不快著點……」

女人彷彿帶著哭腔在催促著他。當耿三瘋了一樣撲上來時，她扭過頭去，讓淚水淌進長白山黑土裡，北方的黑土裡。

耿三的背迎著太陽，和蒼蒼茫茫的關東的天空挑戰。他黑紅的背閃著光澤，寬大的骨節咔咔作響，整個似荒原上一棵敦實的老榆樹，卻快被風風雨雨蝕得枯乾了。

姐弟倆出了地走著走著，姐姐小英子突然說：「弟，你等我一會兒！」

「幹啥？」

「我的頭巾落在地裡了。」

小英子跑回來了。

在地邊的柳毛子邊，她看見了一幕，耿大叔和娘。十四歲的丫頭，她明白了，怪不得每次她和弟弟回去做飯，吃完給他們二人帶回時，都發現地上有奇怪的印兒，新打的壟被壓得平平的一片……

小英子彷彿明白了世間的一切，她轉身就往家跑。可是她真的明白了麼？

三隻雞下的蛋，怎會不夠全家人打雞蛋醬？小英子在耿大叔褂子兜裡發現了雞蛋皮子。下晚全家吃飯的時候，英子罵：「不要臉的，饞嘴巴子的黃皮

子！」

徐老五在炕上喘作一團，眼睛賊亮。

那天，窩裡瘟死了一隻雞。一條腿爛掉，就剩一條腿，燉上野菜，香香地端上來。不懂事的弟弟呀，偏偏滿碗翻那一條雞腿。其實，那條雞腿已被綵鳳埋在了耿三的飯碗底下。可這一切，細心的女兒早已看到了。在飯桌上，小英子把瘟雞大腿從耿大叔的碗裡摳出來，夾到徐老五的碗裡。

「小要帳的！」綵鳳罵道，「你給我夾回來！」

「就不夾就不夾！」

「小死玩意兒，俺撕了你！」

「你敢！」女兒罵娘，「你才是個不要臉的人……」

綵鳳望望漸漸消瘦而蒼老的耿三，上去一把揪住女兒的頭髮。

英子望著圍在炕上的狗一樣的「爹」，回身迎著娘對打起來、對罵起來。桌子也翻了，碗也打了，好好的一頓飯，散夥了。

徐老五站在孩子一邊。一天，他喊來女兒，讓她把一塊黑乎乎的東西，用開水沖開，偷偷拌在飯裡。女兒幹了。耿三要死了。綵鳳用牛糞泡鹼水，把耿三綁在木障子上，大頭朝下，給他灌牛糞水。足足灌了一天一宿，他一口一口吐黃水了。

「作孽呀！」

她罵著，灌著牛糞水。並用棒子不斷地捶著他的肚子。

癱巴，堆在炕上難受地喘作一團，不搭理這邊。

小英子和小來福嚇壞了。

她曾經聽撿糞老頭和別人說，那人真是她和弟弟的親爹。她的名字——小英子，都是他給起的。「英子」就是秋天漫天飛向四方漂泊遠方的蒲公英。可她又不願承認眼下那綁在障子上由娘給灌牛糞水的人是「爹」。而且，在野外將娘狠狠地壓在黑土地上的景兒，給她留下了太深的烙印兒。因此，她恨這兩個人。她多次帶上弟弟到小倉房去拜狐三太奶，「求求你，發發慈悲吧，讓他

倆都死吧！」姐弟倆經常這樣咒罵。

莊稼都播下以後，又鏟了二遍地。耿三要走，綵鳳死活沒讓，於是又拖到了老秋。

又一個長白山的荒秋。

自從進入秋天，家裡的氣氛出奇地和睦起來。只有綵鳳，很多天沒說話，臉明顯地消瘦了。

這天晚上，炒了幾個菜，耿三提議說：「大兄弟，來，喝點……」徐老五往前蹭了蹭。

他也好些日子沉默不語，只是吱吱的響聲晝夜不停。自從那次，他讓女兒給耿三飯裡拌上大煙，差點把他藥死，他就開始沉默。是啊，開始不是自己暗示女人和人家去小倉子取被套嗎？那不就等於自己同意人家來「幫」拉這個「套」嗎……可是，他還是受不了啊，特別是女人當著他的面和耿三在一起啊。

隨著秋天來到，她對徐老五越來越貼切。這使老五心裡發毛。在早，這本來是老五盼望的。

看著綵鳳，他心裡難受。他這陣兒反而希望綵鳳對耿三好點，哪怕就當著他的面。

「兄弟！來，喝。」

耿三讓著徐老五。自己舉起杯，喝了一口。

外頭院子裡，雞鴨在覓食，牛和驢在嚼草。這是關東的老草。牛嚼起來，聲音很大，很動聽。牛和驢，都是耿三上牲口市挑來的。幾年來，徐家已經像個人家了，耿三知道，該到他動身的時候了。綵鳳只在院子裡餵雞，不進屋。

老五隔著窗子喊：「給大哥倒酒！」

她，像沒聽著一樣，依然只餵雞，餵鴨，餵狗。

於是，老五自己往上挪挪，給耿三倒上。

「喝！」

「喝！」

「你來。」

「你來。」

「雞窩裡的雞蛋，是我吃的，卻把雞蛋皮放你兜裡啦……」

「咳，過去的事啦。喝！」

「那年，我不該讓孩子往你碗裡拌大煙，差點把你藥死。讓你整整吐了一天一宿……」

「咳，喝！喝！」

不管徐老五怎麼引，耿三總是所答非所問。二人彼此讓著，反而客客氣氣的。

黃昏，落了一場小清雪。

徐老五囑咐女兒：「領你弟弟上你叔伯姑家，幫他們搓苞米。」

「不想去……」小英子今天三心二意的。

「去！麻溜走！」

英子領小弟走至院門處，回頭瞅瞅下晌就捆好的「耿大叔」那狗脖子粗的一個破行李捲兒，她的腳像釘住一樣站住了，突然，十五六歲的女兒眼裡湧出了大顆的淚花……

爹，這畢竟是自己的爹爹呀。他，他這次一走，還會回來嗎？炕上那個癱子，她叫「爹」，可畢竟不是親爹呀！

這個世界，咋會產生這樣的事呢？

屋裡，耿三藉著酒勁兒挺起腰桿向外望去，他想好好再看一眼自個兒的骨肉。他在心底也奇怪，世上誰定的風俗？明明是自己的女兒和兒子，卻不能喊他一聲「父親」？

可這時，炕上的徐老五喊上了：「麻溜的，道遠，天快黑啦！」小英子和弟弟猛一扭頭，走出院子去。

夜終於降臨了。

大家好像都有話，但又一時無從說起。

徐老五磕磕煙鍋爬下了炕。

綵鳳問：「幹啥？」

「走走……」

沒處走。他爬進小倉子睡。說是涼快。屋裡，南炕北炕，只剩下兩雙淚眼。

「喪了良心的，你就不能留下來？」

「孩子他媽，我得走。」

「可這麼大歲數了，你上哪兒去呢？」

「還回山上，到木把房，和伐木的一塊睡。我是伐木人哪……」

「現在還沒開套，房子裡還沒煙火。」

「我去了，不就有了煙火了嗎？」

「你這是活活地撕我的心哪……」

女人雙手摀住臉，喔喔地號了幾聲。

她用衣大襟擦抹著臉上的淚，問：「耿三，你還有啥話嗎？」

「我，就想讓孩子喊俺一聲！」

「哎，我喊你……」

女人抽泣著，喊：「爹……」

男人抽泣著，答：「唉！唉！」

南炕北炕，哭聲、嘆息聲摻雜在一起。一忽兒，窗影爬上了東方的魚肚白。

第二天，天響晴，耿三背上放在門口的伐木人的破行李上路了。二十幾年的光景，他當初奔往靠山屯，正是年輕力壯的時候，如今他從一個壯漢子變成了一個骨瘦如柴的乾柴棒子了。

路邊的枯草，早已被夜霜打成了枯黃。

天上，一排排大雁，哏嘎叫著，一會兒排成「人」字，一會兒排成「一」

字，向南方飛去了。他一低頭，突然發現路旁的一種草——蒲公英。老秋風一刮，它們的種子就散了，一個一個地飛向遙遠的天涯，最後剩下一根光禿禿的乾巴巴的老蒲棒，孤零零地在秋風中抖立著。

「這，不就是我嗎⋯⋯」

耿三彎下腰，折下一根擎在手裡。

他承認，他正是這樣一根老蒲棒，讓它的籽兒飄向四方，剩下這孤零零一根棒。

他手裡握著這老蒲棒向那遙遠的地平線上的長白大山走去，走去了⋯⋯耿三走了，這是伐木人最後的命，是他們生活的最後歸宿。

第二章──

拖　木

神奇的拖木人

在地球北部，在長白山山脈中心有個地方，這裡，一年四季大部分時候被冰雪覆蓋著，雪從上一年冬季持續到第二年五月還在下，萬物都被厚厚的白雪覆蓋著。

大雪落地，北風日夜呼嘯，一切生靈都本能地隱藏起來了。

這使得這個地方有些孤單和冷落。

許多人聽過這樣一個故事，是那麼久遠。

相傳，在很久以前有一個獵人，他在林子裡追趕紫貂，土話攆大皮。

大皮，貂的別名，是指這種動物的皮毛很貴重，從前皇爺貝勒、格格們穿的最上等的服飾便是貂皮做成的各種衣褲，就連皇帝的套袖也是貂皮。據說這種皮袖不沾水。一旦皇帝與客人交談有了口水，便暫時吐在袖筒裡，然後再伺機趁人不備一甩，便走了……

但捕貂很不易。

攆大皮要從寒冷的冬天開始。

嚴冬，當第一場雪落地之後，雪地上發現了貂的蹤印，於是獵人在這個地方修一個小院落，裡面挖好陷阱就開追。這一冬天，獵人都要在貂的身後追趕。直到第二年春天或夏初，遲遲的暖天來了，山上雪快要融化了，山路也快泥濘了，貂於是回到出發時的地方，一下子掉進陷阱裡被獵人逮住了。

這就叫攆大皮。

可是，據說這個頑強的獵人沒有挺住北方冬季的嚴寒，在漫長的追趕紫貂的冬夜，活活凍死在山上了。

這個人，叫張廣才。這座大嶺沒有名字，於是人們就管它叫張廣才嶺了。

還據說，凍死的人不倒下。

他坐在那裡望著遠方。直到第二年人們發現他，一捅他，他「啊」地叫了

一聲（這據說是凍死的人肚子裡憋著一口氣，人一碰他，氣放出來了），於是倒下了。人們說，這是張廣才在哭喊。

這一帶的人嚇唬夜裡不肯睡覺的孩子時往往說，快睡覺，你聽，張廣才叫喚了，不好好睡覺，他咬你……

這個奇妙的故事流傳了千百年了。

多麼美妙而又神奇的故事。

可是傳說終歸是傳說，故事也終歸是故事，張廣才嶺根本不是一個人的名字，它是滿語「遮根猜阿林」的譯音。

「遮根猜」，滿語意為「吉祥如意」，漢語諧音成「張廣才」；「阿林」，滿語意為「山嶺」。「張廣才嶺」是滿語吉祥如意的山林之意。

張廣才嶺是長白山的支脈，它位於今黑龍江省的東南部，就是北緯四十三度八分東經一三九度六分的位置上，南起吉林省敦化，北接小興安嶺南麓，森林面積二〇三萬公頃，平均海拔八〇〇多米，主峰老禿頂子高達一六八七米。張廣才嶺以東為牡丹江水系，以西為阿什河、拉林河水系。這兒是滿族的故鄉。據《山海經・大荒北經》記載，這兒有古老的肅慎之國，早在四千多年前，肅慎人就生活在牡丹江流域一帶，清朝時期，以努爾哈赤為代表的北方滿族人統治了中國，並在黑龍江設立了將軍衙門。可是，就在滿族人大舉入主中原成為統治者的時候，在茫茫的東北大山的深處卻有一支沒有跟隨順治爺「進京」的滿族人留在了大山的裡邊，這就是操巴拉語的滿族巴拉人。

巴拉人主要分佈在長白山脈張廣才嶺的大山中。

巴拉人過慣了漁獵生活。他們散居在這一帶的深山密林之中，說的話都是清朝前期的傳統語言，還帶著很多的土語，土語裡又有許多女真語。今天流傳下來的諸多語言就是巴拉人描寫歷史的重要記憶。

張廣才嶺多雪多獸。林子樹密實，木材長得特別茂盛，冬季是最佳的採伐時間。從前的巴拉人久居山中，他們在山中陽光普照的南面坐北朝南蓋屋挖窖，夏天打的獵物太多拿不回去，就放在屋窖裡貯存，上面蓋上蓬，再壓上石

頭，到冬季大雪落下，再套上爬犁去拉。因此張廣才嶺深處許多地方都叫「德都」，這是「獵人居住的地方」的意思。這些方言名字東起寧古塔西部，西至伯都訥（今吉林松原），南臨通化、吉林，北至呼蘭、慶安一帶……

在這些流傳和飄蕩的奇特的語彙中，有一個方言，叫「套戶」，就是指專門使用爬犁和套索把山上伐木人伐倒的木頭拖下來的人家，他們的神奇經歷至今還不為外人所知。

在張廣才嶺周邊漫漫老林周圍，提起「套戶」大人小孩都知道。甚至有許多屯名至今乾脆就叫「張套戶屯」「李套戶屯」，這就可以準確地說，大概有了森林，人對森林的開發之後，「套戶」人家就出現了。他們的住處周圍最突出的特徵是「雪道」。

北方，老鄉管這種道叫「套子道」，是伐倒的大樹裝在爬犁上然後由牲口拖著「壓」出來的。這種「道」從老山裡一直通向張廣才嶺周邊的套戶屯人家的院落。

套戶屯人家很有特點，首先是房屋式樣。他們的房屋和院牆，甚至煙囪和房瓦都是木製的。

套戶一生和「木」結下緣分。

在張廣才嶺一帶，套戶人家的院牆都是用一種山木垛起或夾起的，顯得厚實獨特。而更有特點的是房屋本身。

這裡房屋一律用樹木堆成，俗稱木刻楞，又叫霸王圈……

這是一種獨特的木屋。裡面燒著火炕，冬暖夏涼。

而更加獨特的是套戶家的木煙囪。

這兒的人家都習慣把森林裡的「空心」大樹拉回家做自家的煙囪……

原先，我曾經和許多人一樣認為「木」怕「火」，可自從在張廣才嶺見到套戶住處用木煙囪，木怕火的概念一下子消失了。

原來「木」是可以「走火」的，那燃燒的煙火可以通過「木」飄飛出去。這是一件多麼奇妙的事情啊。

這一帶人家的房瓦竟然都是「木製」。做木瓦要用一把老鐵刀去「劈木」。把一段一二尺高的紅松圓段劈成平塊，就成了「木瓦」。

套戶人家和屯落都散發著遠古森林的氣息，靜靜地坐落在寒冷的張廣才嶺深處。

這些漆黑的木瓦下的木屋裡住著「套戶」。

每到冬季，當寒冷的冰雪覆蓋了張廣才嶺，套戶們便走出這掛著冰凌的老木屋，他們牽著牛馬，牛馬再拖著爬犁，走向冰雪覆蓋的深山老林開啟了他們神祕的拖木生活……

▌與牛馬為伴

在人類歷史上，記載動物的文字已經不少，有歡快的，也有淒苦的。

> 暮秋，枯枝上棲息著一隻孤鳥。
>
> 在遙遠的山林，鹿踏過秋日斑斕的落葉前行。
>
> 當我聽到它的悲鳴，不由翻湧起思鄉之情。
>
> 一隻蚱蜢正在歌唱。獨臥於寒霜之夜，我感到無比孤寂。

這是日本文化人類學家牧口常三郎所著《人生地理學》中的一些文字片段。這不禁使我想到，動物其實和我們朝夕相處，相比之下，人類對動物的記載很少，也很不夠。當然也不全面。

而我，自從沿著雪道走進長白山裡的套戶人家，我才深深地感到，不是沒有這種人對動物的理解和認識，而是我們沒有很用心地去挖掘。

在我六十二年親歷東北民間生活的歷程之中，我第一次深深地被人和動物的情感所打動，我也開始在人自身的人格中感到一種厚重的力量，那完全是來自於和「套戶」的一種實際上的接觸的感受。

在寒冷的長白山裡，動物是人最親密的夥伴，尤其是套戶家的牲口。

每一個套戶的家裡都為牲口維修了一處上好的牛棚或馬圈。那是因為，這裡的人完全要依靠著牲口去生存。

我曾經看見，諸多人家和他們的牲口形成不可分割的一個整體。

每一個套戶從小就要「懂」馬。而且每一個套戶都有精心選擇馬的本領……

套戶們使用的套子馬，全靠選和馴。

在北方，每當秋冬，集鎮上的馬市便開市了。這時套戶們往往成幫結隊地

奔向這兒，並不停地打聽，是不是套子馬。他們往往一打眼就能知道這匹馬該不該牽。套戶們選馬往往瞅準那些著名的套子馬。

套子馬特點是體質粗糙結實，皮厚毛粗，鬃毛密而長。特別是頭方眼大，頸短多呈水平狀。它們身子狹長，前軀發育良好，肩短而立，四肢短而粗。關節明顯，蹄殼子很堅硬。

這些馬都具有非常優秀的品質。它們吃苦耐勞，便於拉套，是套戶們的首選。

套戶選套子馬往往先觀察馬的「站相」。站相，就是馬站立時的姿態。先看馬前額是否寬，眼骨是否突出，大眼殼，眼珠明亮，清楚照人、水靈，眼珠的顏色為橘黃色，上下眼皮兒要薄便於夜間瞅雪。套戶們認為黃眼珠鷹眼是好馬，耗子眼珠、灰色眼珠、玉石眼（虹彩缺乏色素，強光下看不清）不是好馬。

接下來就要試馬的耳朵。

套戶上山對馬的聽覺要求極嚴。

套子馬都是耳大小適中，豎起倒斜非常靈活。套戶們認為「高粱茬子」耳朵的馬聽覺發達，而垂耳（綿羊耳）雖不好看，但在漆黑冬夜冰雪的山林中會聽吆喝和鞭聲。

然後看馬的頸（脖）和身腰，這是架套的重要部位。主要看是否是大膀頭、飽肩膀、寬襠口、圓屁股。這樣的粗腿大棒、短蹄襪、蹄腳敦實的套子馬，雪嶺上邁步才能穩重……

選到家，接下來就是馴。

馴馬，主要是領馬上山，「見識」一下山上的活計。每當去時，就以好料相待，逐漸的，馬兒知道了主人的心思，上山雖然吃得好些，但是已有沉重的活計在等待著它。於是，好的牲口懂得盼望這個季節的到來。

在冬季到來頭場雪還沒落下的長白山老林，套戶家就開始訓練讓馬和牛自動地懂得主人的心思。

更重要的是讓馬知道冬天來了。

在長白山的套戶家，馬是知道並懂得它這一輩子是幹什麼的，牲口的「聰明」簡直讓人無比震驚。

冬天，這兒的雪一落下，人要訓練馬踏雪上山。

上山，往往是幾十里的山路，主人不可能句句喊，要讓它熟悉路，自己走。

進了林子的伐場，主人要去打枝、截木抬木什麼的，這時要讓它知道「等」。

等，就是一動不動地站在樹下，別往別處亂走。在林子裡，馬從來不用拴在樹上，要訓練馬的「自覺」。要讓它懂得自己亂動有危難……

還有牛。

表面上看起來，套戶們選擇的牛和山裡一般的耕牛也沒有多大的差別，但是只要你細看就會發現，這些牛都是「抬頭牛」。

所說的抬頭牛，是指這種牛平時的體態就習慣於昂著頭，不屬於那種低頭拉車的牛。這種牛，多是張廣才嶺套子牛的後代。

套子牛是它們的遺傳基因所帶來的生命的特徵。拉套子的牛，總是習慣抬頭看前。這種習慣又很好地造成了它們「後坐」的能力。後坐，就是在雪坡上拖木下山坡時有頂住爬犁、使之不滑坡（俗稱「跑坡」）的能力和習慣。

山場上爬犁套子的「跑坡」，時時會造成人死畜亡，這是太可怕的生存事件。

在長白山和張廣才嶺一帶，山的坡度走勢非常陡峭，有時木材的採伐點就在山頂上，而爬犁道的坡度甚至達到四十五度角，如果不是那種習慣「坐坡」的抬頭健子牛拖套，跑坡的事情是轉眼就會發生的。

在中國，各種牛的品種繁多，但東北長白山和張廣才嶺延邊安圖套子牛的品種尤為著名。它主要分佈在長白山張廣才嶺及興安嶺東西兩麓的呼倫貝爾草甸和嫩科爾沁草甸一帶。這種牛，頭短寬而粗重，額頭稍凹陷，角向上前方彎

曲，角質細緻，頸短而薄，腰背平直，臀部傾斜，四肢粗壯，蹄頭質地堅實。給人一種吃載負重的踏實感覺。

長白山老嶺一帶套戶家的黃牛，天生的一副吃苦耐勞的樣子。

套戶們為牛修造了特定的圈。

那種圈是用山裡的原木搭建成的木刻楞式「牆屋」，下雪時不怕風颳和雪壓，冬季能給牛以溫暖，並擋住夜裡刮來的大暴雪，以防將牛壓死。

在長白山的套戶家，餵牛的槽，往往是巨木掏成的。

山裡人叫它實槽。就是一根大樹，中間掏溝為槽。這樣的牛槽會使牛的飼料總是濕乎乎的，便於牛的舔嚼。冬季，牛槽裡的料凍成了塊狀，牛也喜歡啃。料裡能帶著水分。

牛是有靈性的動物。

記得我同《西藏最後的馱隊》的作者加讓西熱共同談起牛，他告訴我，那些同鹽民們一道去荒寒的藏北馱鹽的高原犛牛，在寒冷的冬季的荒原上十分聽主人的話，無論野外風多大、多硬，只要主人用一根線繩為它們「畫出」讓它們待在那裡的圈兒，幾天之後，它們還會老老實實地待在那裡，等待著主人來牽它們，並把沉重的鹽袋子碼在它們的身上。這說明動物是懂主人的心思的。在這一點上，東北山林長白山裡套戶的牛也如此。

套戶們愛惜自己的牛，不但夜裡把牛棚打掃乾淨，放上乾草，讓牛在裡邊躲過寒冷的暴風雪，而且在白天，當冬日的太陽升上晴空，原野上一片明亮時，他們又習慣地將牛牽出來，讓它們在太陽照耀的雪地院子裡曬曬太陽。

在長白山的套戶人家，家家套戶的院子裡都有這種可供套子牛曬太陽的木棒夾起來的院套，以便為牛擋風。對於那些不愛惜牛的人，他們深惡痛絕。

他們最喜歡說民間小戲中那叫《說丑牛》的一段。大致內容是這樣：

> 說丑牛，道丑牛，
> 要說牛淨說牛。

有黃牛，有黑牛，
有花牛，有鰲牛，
有牡牛，有乳牛。
老牛落在莊稼人手，
春天拉犁把地勾，
拉得好來還好受，
拉得不好鞭子抽。
老牛落在屠戶手，
臨死鬧個大抹頭。
牛肉挑在長街賣，
八兩半斤手提摟。
賣完牛肉還不算，
剩下一堆碎骨頭。
又磨簪子又磨棒，
媳婦拿它別油頭。
剩下犄角也不丟，
　長的做刮舌，
短的做篦子堵頭。
零碎骨頭也不丟，
能工巧匠把它修。
磨個四方骰子樣，
隨後就把眼兒摳。
摳個幺，對著六，
摳個五猴對三猴，
　摳個三對著四，
耍錢場裡把錢勾。

這個喊幺，那個喊六，

幺沒成，六沒就，

都罵老牛邪骨頭……

牛啊牛，

人人都說是醜牛，

我說牛兒是苦牛！

套戶們說這種順口溜，其實透露出套戶們對那些殘害牛的人的深切的恨，因為他們知道，不久他們的牛就要奔向大山，去拖那沉重的套子拉木頭了……

同樣受他們關愛的還有驢。

驢是北方平原和山林一帶的重要馱力，而且，北方的木幫，特別是山場子活的伐木者和把木排放到江水中穿排流放的木把之人，別人也管他們叫「老驢」。

這種以驢來稱呼人的稱謂在今天簡直是對人的污衊和貶低，可是從前卻不是這樣。

從前，人們這樣稱呼伐木人、木幫和套戶，是對他們人格與性格的概括，人們是把驢身上的諸多特點都加在了木把們身上了。

驢其實是馬科，在我國，從西部高原荒漠到東部的平原，從帕米爾高原到西南山地和青藏高原，都有這種動物。早在六千多年前，驢在非洲的東北部被人馴養和家化，但在隨後的日子裡，驢經西亞、中亞來到我國新疆，後來多在陝西關中一帶飼養髮展，到了唐宋時代，驢已遍佈了中國。後來，驢進了東北。而東北的木幫之人，尤為愛驢是有特殊原因的。

驢是一種愛吃苦能吃苦的動物。它們靈巧、皮實，雖然有時不聽話，有點脾氣，但是一旦上套，它便開始賣命幹活。

驢在牛馬市場的行價中又比較便宜，季節性的套子幫可以隨時購買驢，又能隨時替換和補充，不需太大的成本。

套幫們都是一些窮苦人家，他們都希望少花錢買便宜的牲口上山拖木。

　　東北長白山一帶的套戶們分別選擇大中小三種驢型，並按著活計輕重和勞累程度去分佈使用不同的驢，如從屯子到套戶們的山場子窩棚地之間拖爬犁、拉草料，還有山上倒換木頭、歸堆等，往往先由驢去完成，這樣可以讓馬或牛歇口氣，以便拖上重載，奔往高山雪道的漫漫長途。

情感的創造

回想起來，東北長白山裡的套戶的一生就是照料他們的牲口的一生。

秋季，北方旱風把一切吹刮成熟了，那是生命成熟的季節。

幾場秋雨，野草的深綠漸漸地退去，一夜之間，植物葉子便由深黃變成淺黃，然後是金黃，時序提醒套戶是該為牲口備料的時候了。

這時，套戶們從家裡出發，用十到二十天時間去草甸子上「打草」。

一冬天，每頭牲口要吃大量草料。在大雪落地之前，各家的院子裡必須要預備足夠的草料，一個一個的草垛，堆在人家的院子裡……

這時，長白山一帶的套戶人家就開始鍘草了。

鍘草，就是把一捆一捆的草割碎，便於牲口咀嚼，也便於貯存。鍘草活極其艱辛又乏味。

他們使用的工具，叫鍘刀。

鍘刀是套戶人家的「寶貝」。它有一根長長的厚厚的底槽，底槽中間是開縫，縫間兩側鑲上鐵邊，留出走刀落刀的鍘口。

在底槽的一頭，有一根鐵條穿在上面，一柄幾乎同底槽一樣長的一把大刀，寬寬的刃，頂頭帶鉤，正好掛在底槽的鐵條上，刀的另一端有一道長長的橫把，可供兩人橫握。

鍘草這種活計其實在中國北方有久遠的歷史了，這同中國是個農耕大國是分不開的。農耕要使牲口，牲口的飼料，主要靠鍘刀來切割，所以這種工具是北方農民的主要農具，鍘草也是農民們一年四季的重要的農活。套戶們就更不用說了。兩個人鍘草，一人按柄，一人往刀下入草；也有兩個人壓刀，一人入草的。

鍘草，往往需要一家三口齊上陣。

爹和兒子壓刀，爺爺絮草。這是因為，絮草是一項技術性很強的活計。絮

草人要將草捆或草把迅速遞進刀下，並且送進的尺寸要相當。進多了，草料長了，不利牛馬咀嚼；進少了，草料短了，草就保持不好水分。必須是不長不短，這就使得絮草的人一定要是有經驗的老者。

進草的時間也很講究。進早了，刀下不來；進晚了，容易切到手。要掌握好「火候」（時間）。

同時，草捆或草把進到刀下，要會「送勁兒」。

送勁兒，就是給草把加力，使它緊實。

緊實的草捆草把，刀一下來，吃得快，切割得齊。不會遞送草捆的人，放在刀刃下的草把，鬆鬆垮垮，刀一上去，就歪了或扭了，不但割切不好標準的草料，還容易鍘掉絮草人的手指和胳臂，在長白山裡，有不少套戶是為了給牲口鍘草下料而成了殘疾的。

套戶給牲口鍘料，絮草者一定是老爺子或有經驗的老人。

按刀，也是一種賣力氣的技術活計。此人要會「把刀」，使刀架不搖晃。一個人如果切割一麻袋草料，不會「把刀」的人往往把肩和膀子壓得痠疼紅腫。

在北方的長白山裡，人們的主要糧食是苞米，而苞米同時又是套戶們用來餵自己幹重活的牲口的「細料」。

秋天收下來的苞米，套戶們先在自家的院子裡搭上苞米樓子、木架子或欄垛，讓風吹乾糧食，讓陽光曬乾糧食，然後等待著脫粒。脫粒有多種辦法。

一是放在一種木製的「槽子」裡，用一根木棍去擊打，這是北方套戶們常用的一種方法。

還有一種，就是用苞米鑲子往下鑲。但這種辦法又慢又費時。

接下來就是粉碎。

粉碎是用石磨將苞米粒破開。

那是一種古老的石碾。寬大的碾盤，上面滾動著一個碾子，靠人或驢去拉動或推動。套戶家裡的這種給牲口加工苞米細料的活計常常是套戶人家的女人

們去完成。

北方的長白山一帶，套戶的家屬們都是一些非常能吃苦的女人們。她們每天不但撐起了持護男人孩子的重任，還擔負起給要上山拉套子的牲口加工細料的活兒，那是一些笨重而苦累的活兒，她們也像牲口一樣對待自己，寧可自己推碾，也捨不得把牲口套上拉碾，因為她們知道，用不了多久家裡的牲口就要跟隨男人走入老林，開始充滿危難的拖套歲月。

除了苞米子之外，還要給牲口們準備一種更好吃的飼料，當地人稱「豆粕子」，這是細糧中的「硬伙食」。

豆粕子主要來源於村屯中的油坊……

秋霜一落油坊開工，開工先「炕豆子」。

炕豆子就在油坊的土炕上。那火炕燒得雞蛋都能烙熟，有一個人專管翻豆子。由於屋裡熱，每個油匠都只能穿個小褲頭，渾身還是濕漉漉的。看看炕到差不多了，油匠掌櫃的伸手一摸，豆兒發乾，又沉甸甸的，就知水分和出油度已足夠，於是喊：「上碾子！」

上碾子，就是壓豆彩子，又叫「壓彩子」。

壓彩子用一種土碾子。這種碾子一人多高，一尺半寬，是山裡人家請專門的石匠纏（刻鑿）的，用兩匹馬拉著走。碾子槽又深又嚴，碾子一走隆隆直響，像夏季裡沉悶的雷聲。

壓彩子需要兩個人。前邊的人撒豆，後邊的跟著收彩子。彩子就是壓扁的豆子。一個豆子壓扁後，又圓又薄，一個一個，一片一片，就像一朵朵圓圓的雲彩，十分漂亮有趣兒，所以才叫「彩子」。壓完的彩子要上鍋來蒸。

油作坊裡的土灶上挨排安著幾口大鍋，都是蒸彩子用的。灶裡燒著木頭，鍋上搗著麻袋還是向上噴著滾滾的熱氣。彩子烀一袋煙的工夫，便可以裝垛了。

裝垛是絕對的手藝活。裝垛的往往是油坊的大櫃，又稱大油匠。他只裝垛，別的活不伸手。這時，小打（油坊小工）先把「圈」（固定形狀的鐵圈，

以便整齊擺垛上榨）擺放在地上，大油匠順手從蒸彩子的鍋上抽下一塊蒸得熱氣騰騰的雁布（也叫麻蓟），放在圈裡的油麥草上（一種用來裹彩子的野草），然後往上鋪彩子……

這種草順當光滑，便於走油。

裝垛的人鋪好頭一圈兒豆彩子要狠踩，踩後放第二個圈。第二個圈往上一提，墊在第一個圈底的雁布子跟著一兜，就把兩個圈裡的豆彩子裹好了。這就是油匠們通常所說的頭圈踩、二圈提。踩好一塊餅，裝垛的小打雙手搬起來，「咣噹」一聲就擺在榨上了。

榨是一種壓油工具，油作坊裡的一半空間放著這種巨大的榨。往往是一塊半尺多厚的大木板，上有四個爪，掛在房樑上，俗話叫「拍蓋」，旁邊有三個眼，是橫眼，便於壓油的夥計們插楔子推壓。而現在山裡人的小油坊已改為鐵榨了。

當裝垛人一塊塊把圈裡的豆餅放在榨下時，上榨的小打就拚命地搬動榨輪，於是那一摞摞餅垛就開始縮小空間，油就從榨的底盤汩汩地淌進底下的槽中……

出過油的餅塊，叫豆餅，這是一種上好的牲口的飼料，這就是套戶家牲口的「細料」豆粕子。

在山裡，油匠和套戶都是好哥們兒。

一到榨油的季節裡，套戶們往往到油坊的鋪院裡去觀光。雙方往往這樣打招呼：

套戶問：「頭榨油下來啦？」

油匠說：「下來啦。」

「餅子賣出去了嗎？」

「還沒呢。收餅的老客還沒來。」

「那就給俺吧。不過，價別多壓……」

「價好說。一個山裡住著！」

「謝你啦！」

套戶遞上土煙卷。那是一種自家產的黃煙沫卷的煙。紙口要由油匠自己用舌頭舔舔貼上，然後抽。

套戶心裡有底了。這一冬，他的牲口可以在寒冷的山裡度過那荒冷的冬季了。

當為牲口準備草料時，套戶們也在選山裡的草料場了。

選草料場，就是在套戶們在還沒大批進山之前要先將草料拉進山去，草料放哪，叫選草料場。放草料的料場往往也是牲口晚上歇臥之地，這兒離套戶們要去住的窩棚也不能太遠。

冬季悄然而來時，長白山裡的套戶們都要縫製大草料袋了，那是一種巨大的布袋子。一個袋裡必須裝足一匹馬冬季到第二年春季四個月的草料……

裝完草料的巨型草料袋就像一間一間「小屋子」，被爬犁運進山裡，置放在套戶們先期開墾出來的窩棚場子上。

大雪飄飄，覆蓋在那些孤零零的草料袋上。

雪，一層一層堆起。

北方，茫茫的長白山冬季的雪分層下。一入冬下的雪，一片片飄下，稱為套子雪。套子雪綿軟而輕柔，站不下……

但是它們慢慢融化。因為這一帶往往是朝陽山坡。雪融成冰，形成「冰底」。

落在草料袋上底層部分的冰底用不了多久就會被另一場或諸多場新雪重新覆蓋，這時落下的雪叫粒子雪。粒子雪是一個一個晶瑩的小顆粒，硬硬的，亮亮的，被風颳著，密集地從天空上刮下來，覆蓋在立冬落下的初雪並融化後的潔白冰底上，從此再也不化了。

冰殼雪粒厚厚地覆蓋在那一座座巨大的料袋上，彷彿一座座古堡，孤獨地坐落在茫茫老林深處……

一支龐大的隊伍開進深山，牲口還要由主人給它們選擇安歇之地。這個安

歇之地將是它們一冬天在寒風和冰雪之中安臥的地方。

往往是背風、窩風，又能一眼認出和順眼的地方。

順眼，指一種心理上的觀念。就是主人能夠在第一時間一眼便能看到自己牲口的地方。其實這種地方，是在選草料場時已考慮好的地方。

我曾經奇怪，我問套戶，你們那麼愛你們的牲口，可為什麼不給它們蓋一間小屋子呢？

套戶們一聽，樂了。

他們對我說，這你就不明白了。牲口在山上，由於它們一天奔走，渾身早已汗水淋淋，這從它們身上結的白霜上就可看出來。由於它們體內不停地散熱，如果給它們蓋了小棚子，反而更容易受風著涼。

我吃驚地問，那又為什麼？

套戶們告訴我說，小棚子的房簷處，更容易招風，從而使發汗的牲口著涼受病。

原來是這樣。看來他們是懂牲口，是瞭解自己牲口的啊。

套戶進山，每個人都帶著一個「料桶」。

深夜，他們把這一個個料桶並排擺放在窩棚裡的火爐邊上，裡面裝上豆粕子料水，是為了使牲口的料不涼，不冷牲口的胃。

因為夜間，他們必須要出去餵一次牲口。

長白山裡的冬夜萬分寒冷，但夜裡出去餵牲口這一項誰也不能改變。

他們記住「夜餵」的鐘點和時辰。

牲口從天黑進到窩棚駐地，卸爬犁後吃的那點草料的營養早已消耗殆盡，而且不一會兒它們又要進山了。

這時牲口的體內，急需進好料、細料，在套戶們心中，那就是豆粕子料水。

餵牲口的時候，牲口也知道，主人該來了。

常常有這樣的事情發生，到了這個時辰，如果一個套戶出去餵自己的牲

口，別的牲口見了，就急得用蹄子鉋冰雪的土地。

　　咣咣——！咣咣——！

　　這是一種呼喚，彷彿是在喊它的主人：「快來吧！我已經餓了。你看，別人的主人都已經來了，你怎麼忘了俺呢？」

　　其實，真是這個意思。

　　據說，當這個著急的牲口見到自己的主人到來時，它還會「呵呵」地樂呢。但這種「樂」，其實是叫。

　　不過套戶們聽起來是牲口在「呵呵」地樂。

組套

在中國北方，在寒冷的長白山裡，冬季的頭一場雪是套戶們組套的信號。

冬季的頭一場雪一落地，拉套子的牛、馬、驢首先不安起來，急躁起來，它們時不時地在圈裡用蹄子「吭吭」刨地、踢槽，彷彿在催促主人，都什麼時候了，你怎麼還沒有動靜呢。

這時套戶的女人們也往往會說，牲口刨地了，還有什麼沒有料理好，你趕快拿個主意吧。

就在頭一場雪飄下的時候，山場子把頭也趕到套戶屯來啦。

山場子把頭一進屯就喊：「開套啦！開套啦！」

開套，就是讓套戶們入山拖木。

山場子把頭來時，一般都背著嘩嘩響的大洋，他是用足以把人引進生活深淵的金錢前來誘惑套戶上山拖木。

來招募套戶拖拉木頭有兩種方式，一種是由山場子把頭來招，就像前面說的那樣，他出錢「打扮」（僱傭）套戶上山，講好每米木材拖下山什麼價；二是由套戶把頭自己組幫，和山場子把頭講價，然後開進山裡拖木。不管什麼方式，反正套戶們組套進山的時候到了。

一、選套戶把頭

自古道，人無頭不走，鳥無頭不飛，是指人間的任何事情都要有人挑頭、領頭，套戶這一行也不例外。長白山裡嶺黑瞎子溝的套戶把頭曹立山，就是幾輩子在山裡當套戶把頭的套戶世家……

曹立山把頭今年四十歲，父親和爺爺從前都是套戶把頭，於是到他這一代，也自然地當上了長白山裡的套戶把頭。

他告訴我他的任務：

一是把大夥組織起來，不讓大夥吃虧。這主要表現在當頭一場大雪一落地，山場子把頭來到屯子裡來招人攬活由他出面和山場把頭講價。他首先提出是一塊兒到山上談價。

山上談價，是指到實際幹活的地點去邊看邊定。

比如今年山上雪多大。大了，爬犁上山省力，可是下山難控制，得多加幾個錢；同時，要由山場子把頭派人修道。就是往雪道上揚砂土，以便馬和爬犁能穩住套，不跑坡。

比如山上雪小了，道上就露砂土，這叫砂土道。砂土道馬牛拖重載費力，也要加幾個錢。修道的錢由誰出，出多少要講妥。

然後就是談坡度。

坡度就是山的高度。彎多，坡多，都加錢。

還有距離。距離指套戶們住的地方至山場子距離。太遠時，一天只能拉一趟，不出活，也要加錢。

這全靠套戶把頭和山場子把頭面對面地去談成。但是山場把頭也不傻，他往往壓價。你不幹，他可以去找別的套戶。於是套戶把頭往往既得攬住這批活，還不能使他這幫人吃虧。總之，這真是一種高難度的本領。而套戶們選把頭，也必須選有這種本領的「能人」。

山上談價又叫探道。

一邊走，套戶把頭往往會不斷地指指點點，安排一路上哪兒扔砂，哪兒扔雪。

越往上走，路沒了，荒林雪原出現在眼前。

那雪，都是沒膝沒腰深。

有時一不留神，人沒影了。到哪去了？原來是掉進深深的雪窠子裡去了……

雪窠子，往往是大倒樹的樹空處，或者是山石的縫隙間。每年冬季，當厚厚的大雪一鋪蓋，老林裡一片厚雪，什麼也看不著，可是人一踩上去，就會

「沉」下去，不見了蹤影。

別說是人，就是馬，有時眼瞅著它拉著爬犁在林子裡走著，可是再一抬頭，馬沒了，不一會兒，馬又從雪底下抬起頭來，不停地晃動腦袋，甩掉頭上眼毛上的雪。

這叫「馬扎猛子」。

多麼風趣的一種說法。扎猛子，是人往水中扎，而在寒冷的長白山這一帶，馬會往大雪窠子裡扎猛子！

探路是為了延伸木材採伐場，這個苦首先是套戶把頭吃。

套戶的大把頭一般比較熟悉老林子，瞭解雪、冰、風和這一帶的地形地貌。他探不好路，接下來的拖木拉套就相當危險。

二、選蓋地窩棚把頭

一旦套戶把頭和山場子把頭談好，套戶把頭就要選蓋地窩棚把頭去蓋窩棚。

冬季，長白山裡雪大風寒，人要盡量選那種四外是山岡，中間有一處窪兜的地點來蓋住處，蓋地窩棚把頭要會看「地相」，看看這地方順不順，邪不邪。

而且，他還要會蓋。

這種套戶住的窩棚延續了長白山林區千百年來蓋房的方式：一是把舊的木幫們伐木住的老木刻楞房子修改一下，以便住人；二是就地挖坑二尺，然後靠山壘起來，用木頭、冰塊、泥土做牆，搭成那種地窖子的土窩棚樣式。

木刻楞的結構是用大原木當牆，一根根堆起，四角用扣咬上，外抹泥。木煙囪，大爐子。裡邊是南北大炕，可住幾十甚至上百人。

地窖子是半臥進地下的住式。

這種地窖子順山坡走向，一頭開門。

走進去，裡面面對面兩鋪大炕，地中間搭四台大爐子，每座爐子的窩棚頂

開一小天窗，主要是為了通風透氣。有的窩棚房頂要留出一條縫透氣，也為了煙和火往外飛騰。

窩棚裡邊日夜要燒火，不透氣簡直活不了。

這種窩棚，已經深深和山體組合在一起。如果大雪一落，從遠出一看，根本看不到什麼地方有人，從外表上看，彷彿很小，可人一旦走進去，才發現裡邊驚人地寬綽。因為這要容納下幾十人上百人一冬天的吃住，不寬綽是絕對不行的。

選窩棚最重要的一點，就是看水源。

水源，是指能夠挖井的山窪處。

或者，能有山水流過，形成一處自然的水流。如果正好有一條小河或山泉在這兒流過是最理想的。

不然，就得自己建井。

在長白山黑瞎子溝以東紅旗套戶窩棚地，有一口古老的老井，據說這是在乾隆年間套戶們進山打的，可是林子越採越深，人們也離這口井越來越遠，最後這兒形成了屯落……

不過，看到這口老井後，人們也就知道了從前套戶進山首先要選擇有水之地的必要性和重要性。

選擇窩棚地的另一重要之處是周邊要寬闊，以便貯放牛或馬的草料袋。

這些，都要由蓋地窩棚把頭去完成。

三、選看守窩棚把頭

當蓋地窩棚把頭領人將地窩棚蓋好，就要選看守窩棚把頭了。

讓我們想一想，一個一個套戶要起大早出窩棚上山，晚上天黑才回來，窩棚是他們休息和存放東西的唯一場所，看守窩棚把頭的本領和人品是非常重要的。首先看守窩棚把頭要保證屋子裡暖和才行。

要暖和，就得燒。

看守窩棚的人，每天不停地鋸木，以便燒爐子。

如黑瞎子溝套戶山場子，窩棚裡四個大爐子，那巨大的「爐眼」整日地在吞吃著木頭，這才能給在寒冷中挨凍了一天的套戶們以溫暖和舒服⋯⋯

還有一件頂頂重要的事情，就是看守窩棚把頭要負責給套戶烤馬鞍子和棉鞋。

白日，牛馬死命奔在山上和雪地裡，牲口身上的汗，就沒乾過。一天下來，那牲口身上的鞍子就像在水裡泡過一樣，往下一摘，濕漉漉，沉甸甸地往下淌水⋯⋯

但是，這種鞍子必須在次日上山前烘烤乾。這種「必須」，完全要由看守窩棚把頭用「溫度」來解決。

夜晚，那一副副浸泡著牲口汗水的鞍子，懸掛在窩棚裡的房樑上，下面是呼呼燃燒的火爐。馬鞍上不停地滴著「水」。那是馬或牛、驢的汗，已滲進馬鞍的粗糙的皮革套裡；火一燒烤，一股牲畜的汗味兒濃濃地散發出來，在窩棚裡瀰漫著。

這種味兒，嗆得人上不來氣。

可是，任何一個人，當看見馬鞍滴下的馬和牛的渾濁的汗水時，往往又都會動心。

牲口本不是人，可它們也讓人心疼啊！

那濕透的馬鞍，使人一下子對牲口——這種不會說話的生命——產生一種極大的同情和憐憫，它們如果會說話，它們會說什麼呢？

山中套戶窩棚裡，牲口的汗氣味兒像一層神祕的烏雲在黑夜裡飄蕩著升騰著⋯⋯

看守窩棚的把頭還負責給套戶們「烤鞋」。

鞋，就是上山的套戶們的棉靰鞡。

這種鞋，如今是一雙一雙的膠皮、黑面的棉鞋，可是從前卻不是，從前是一種古老的「靰鞡」。

裡邊還要墊上靰鞡草，晚上套戶窩棚看守者還要負責給套戶們抖拉鞋草。總之，要在天亮之前烤乾了鞍子、鞋、牲口套包，還有套戶濕透的棉衣，等等，就得拚命燒炕，燒爐子。

　　窩棚裡的溫度高得驚人。熱得人一個個踹開被，光著身子還大汗淋漓。

　　人，不親自來到這個環境，是不知道的。也不可能知道。

　　一個近三十平方米的窩棚裡，並排燒著四座火爐……

　　爐火呼呼地發響，煙囪已通紅。

　　呼呼的爐火，和外頭呼呼的寒風融在一起，已分不出哪是爐火，哪是風雪。

　　勞累了一天的套戶，一個個睡下了……他們自由地伸開四肢，「咣咣」地放著響屁……人，像一片肉體波浪，在漆黑的歲月中翻滾……

　　有時半夜他們會突然坐起來，大聲對著看窩棚的老把頭喊：「熱死了！快！搓一鍬雪，壓壓火……」

　　於是，老把頭就會順從地跑到戶外，在窩棚邊的山下鏟回一鍬雪，一下子壓在燃燒的爐火中。「吱啦」一聲，歡跳通紅的爐火，頓時熄滅下去了。

　　這時，窩棚裡升起一股濃濃的白霧氣。

　　可轉眼間，霧氣飄散而去，寒冷頓時又襲來。

　　於是套戶們又坐起，又大喊：

　　「老把頭，快！加火……」

　　老把頭二話不說，又趕快跑到外頭取來白天早已鋸好的木頭，整件塞進爐膛。

　　一會兒，爐火升騰起來，熱量迅速上來，套戶們一個一個在火熱中繼續煎熬。而他不能有任何私心，必須給大夥的一切工具烤乾。看守窩棚把頭心中忍受著巨大的苦痛，他知道套戶們的煎熬完全是為了讓馬鞍和套包趕快烤乾，明日再開進深山去進行套戶們生活的生死輪迴……

四、選套子頭

看守窩棚把頭選好，就應該選套子頭了。套子頭，是管理繩套和牲口的把頭。

本來，每個套戶是自己牲口的主人，他們自己的套，自己的牲口，應該完全由他們自己去操心，去管理，可是，山場上的套戶幫專設一名套子頭是為了時時提醒眾套戶對自己的牲口和套子注意，幫助管理大家的套和套具……

套子頭有兩項主要任務。

一是夜裡。當勞累一天的套戶們都睡下後，他要及時清點物品和查套。

山裡寒冷風大，牲口在外面很遭罪。套子頭要時時查看牲口的狀況，及時督促牲口的主人，說：

「看看去，你的灰子踢槽了！」

「喂，張三，你的馬臥地啦。」

「別人的都餵上了，你怎麼還懶睡不填料……」

這些提醒都是套子頭幹的。

這些提醒，很重要。有許多時候，由於套子頭的提醒，而免除一場大禍。

有一次，黑瞎子溝的套子頭宋老三半夜出去查套，他總聽窩棚的左側山上「突突」地發響，沒有風，沒有雪，這是什麼呢？

他於是急忙回了屋，對正在睡覺的大夥喊：「快起來，窩棚後山有動靜……」

大夥急忙穿衣出來。一看，原來後山發生了「雪崩」，山雪飛快地滾落下來，要不是他發現及時，整個窩棚和牲口，恐怕永遠地壓在下面了。

套子頭的另一任務是沿爬犁道「查套」。

查套，就是在途中觀看。

特別是在那些山體陡的地段，套子頭要及時讓套戶爬犁停下，檢查他們的套索。看看是否鬆動，或過緊，或磨損得已不行的都得立刻換索，馬虎大意不

行。

這種檢查，十分關鍵和及時，往往能避免重大事故。

五、選爬犁頭

有了套子頭，還要選爬犁頭。爬犁頭，是管理套戶爬犁的把頭。

這個人的主要任務是注意保養各副爬犁。如爬犁凍沒凍裂，開沒開卯，變沒變形……

每當套戶裝木綁爬犁時，爬犁頭往往親自走過去觸摸一下，拽一拽，試一下，看穩不穩。

爬犁是將大木從山上拖下的重要工具，它如載不了重，半路上就要出事。

爬犁頭往往是屯子裡出名的木匠。他對木對樹的性能瞭如指掌。他的心思就用在爬犁上。他時時地提醒套戶們：

「別光睡，起來看看氣候！」

「給爬犁壓壓桿子。你的爬犁桿子歪了……」

「小心，左爬犁桿子走形了。裝木時後邊壓著點。」

這所有的提醒，都是爬犁頭的事。這都是非常重要的提醒。

而爬犁頭對套戶們的質問、責罵，套戶們一般不生氣，因為他們知道這都是為了他們好啊。

六、找小股子

找小股子，就是找幹活的人手。

所說的小股，就指一人一牲一爬，這是一個作業「單位」。一隊套戶往往由二三十個小股子組成，這主要看活計的多少，看活計量的大小而定。

在一般的情況下，小股子的牲畜是自己的，由他本人和牲口構成一個「股」。一個股就是一份子的意思。但也有出人不出牲口的，牲口由別人出，人掙一半股，牲口掙一半股，再看爬犁是誰的，相應分股份。

可是在進山運木時，由於牲口很重要，所以套戶還是喜歡使自己的牲口，

這樣他們更瞭解牲口的脾氣，使起來順手，心裡也就有底。

小股子有時也有兩人一馬或一牛組成。

這類小股子往往是由父子、哥弟、甥舅等一家人或親戚組成，有一種互相照顧的意味，也是為了讓套戶這種「本領」能一代代地延續下去。在山上，我見到許多對這樣的套戶，他們吃在一起，睡在一起。這是血緣關係決定了小股子的組合。

七、集　套

當一切都籌備完畢，就開始集套了。集套，就是套戶集合。

如果是都屬於一個套戶屯，那好辦，只要定下一個日子，定下一個時間，大夥一齊出發就行，問題在於有許多「散居」的套戶要一齊集中，奔往山林，這就要提前選日子，定時間。

套戶入山，講究進山三六九，下山二五八。

在把頭定下套戶入山的日子，各大小山間雪道上，一夥伙一隊隊一架架的爬犁先後出現了，各個把頭領著自己的套戶們走……

由於大量的「物資」都已於先期運進山場，所以此時他們就是牽著牛或馬，拖著爬犁，往一個方向集合，然後奔往山場子。

這樣的日子，是東北長白山的雪道上歡騰的日子，那一夥伙一隊隊的爬犁，日夜向一個方向進發，進發。

他們，手拉著自己的牲口，心中想著這一季的活計；他們計劃著美好的前程；他們夢想著這一季下來，能掙多少錢。

然後是，這錢一分一文，怎麼用，怎麼花。

有時，套戶離家時就發下了狠心，誇下了海口，等這一季下來，給爹娘各做一條新棉褲，給老婆買一瓶桂花油，給女兒買一條花手巾……

那時，離家的男人們的願望太多。那是一種希望，是一種實實在在的希望。可是，這些希望能實現嗎……

祭山

　　許多理想和願望，其實都是虛無縹緲，唯有死亡，時刻真實地威脅著他們……

　　很早的時候，人類就懂得了對自然的依賴。

　　依賴是一種認識，是一種理解。所以，後來有人把它叫作圖騰。其實圖騰是一個生命對另一個生命的認識和理解。

　　就像日本著名的民俗學家牧口常三郎說的那樣：地球是一個奇蹟，石頭和樹木也是一個奇蹟，透過這些固體的現象人看到了生命的脈搏和生命的規律……

　　我們生於地球，死於地球，我們依靠地球而活。我們感激地球，地球是我們的家園……一個人，只有把人類、氣候、樹木、河流和炭石當作我們自己，這時候，人才能與自然對話。

　　歷史其實也是這樣。

　　當你以一種很深的感情去接受某人或某物，並且把他們當作了你自身的一部分而替他們設身處地地著想時，同情的關係就由此產生了。

　　這是一種親情。多少年來，長白山裡的山民和套戶，他們進山去幹活，從來不忘記的就是對大山的祭祀。

　　他們奔大山而去，能不虔誠待山嗎？

　　當一夥伙散居的套戶都集齊了，當大家來在了山場子窩棚居地，當第二天就要拉牲口上山了，這一天就要祭山。

　　祭山，先殺豬。買來香燭紙馬，在一處「把頭廟」或大家認為山神爺顯靈之處，擺上豬頭，然後把頭領著眾套戶齊刷刷地跪下了。

　　把頭開始念祭詞。

　　把頭說一句，大夥跟著說一句。

祭詞的大致內容是這樣的：

山是萬寶山

川是米糧川

馬踏林海

眾生前來

不求得金山

不求得銀山

只求人馬保平安

等平平安安幹下這一季

再來祭祀你山神爺、老把頭……

於是眾人跟著說一遍。然後燒香焚紙馬，就算祭祀完畢。

窩棚裡，看窩棚的把頭早把豬肉燉上了。放上粉條、蘑菇、大碗酒、大碗肉，大家大吃一頓，算是「開套」。

套戶的祭大山分不同神靈，首先是山神爺。

山神爺，就是老虎。

虎在中國民間被稱為林中之王，而在東北的山林之中也被稱為王，是因為虎在森林之中行走如風，萬物都懼怕它。套戶要在林中幹活，崇拜虎是一種自然之情。

在歷史上，傳說虎在危難之中也求助於人，這種故事表達了北方民族對自然的美好期望。歷史上的諸多英雄如清太祖努爾哈赤等，據說都是能降虎之人，所以百姓期待著虎通人氣，能保佑自己。

除了祭山神老虎外，套戶們還要祭老把頭。

據史料記載，老把頭確有其人，他的名字叫孫良。

據說他是山東人，闖關東來到東北，在山裡挖人參，結果和兄弟走散了，

最後迷路而死，死後化為神靈，專門保佑在山林裡從事狩獵、挖參、伐木、拖木的山林之人……

特別是冬季的開套之前，套戶們要帶上香、酒，去到孫良把頭的神位處祭供，以求他保佑進山人馬的平安。

一個挖參人變成山林人普遍崇敬的神靈，也反映了森林文化的普及。北方的民族依山而居，選擇這位神靈成為自己的供奉對象也是自然的事情。

祭山神還包括對長白山的崇拜。

長白山包括張廣才嶺，是滿族發祥地，清入主中原後，即把長白山封為神山並加以供奉。東北的諸多山人，特別是滿族人在山中從事狩獵、挖參和伐木，清中葉中原人闖關東不斷湧入，但是他們在山林中活動，也逐漸地接受了長白山是神山的思想，入山前也祭拜長白山神。這表現了一種民族思想的融合，展示了自然的豐富魅力。

套戶們祭祀的另一位神，就是樹神。

樹神，其實就是木神。

這是一種較深的文化觀念。套戶們每天和「木頭」打交道，那些巨大的木頭，隨時都有可能砸下來，要了人畜的命。崇拜樹木神靈，其實是祈求自然對自己的保護。樹神往往是在樹上刻出神的臉譜，或用剪紙剪出樣子，貼在樹上。

祈求樹神的保護，在某種意義上是提高了套戶們的警覺性，這對在山林裡擺弄木頭的人來說是一種精神上的強調。人處於虔誠的時候或與一種事物的交流時，人的注意力往往更強，這同簡單的崇拜有本質的區別。

祈求樹神的保護會讓自己的精神更加集中。

這是一種實質的提醒。事實上，沒有一個人相信自然會化為一個具體的「物」。人們是把歷史和文化的一種觀念加在了自身生活之中，讓自己的心靈得到全方位的放鬆，以便認認真真地去對付大自然中可能發生的一切變故。

▌似曾相識的歲月

　　人生還有什麼能比離開家，離開親人去雪山老林裡謀生更叫人不安的嗎？套戶的歲月就是這樣開始的。而且，他們完整地出發，很可能會「不完整」地回歸，最擔心他們的還是女人。

　　在套戶們的窩棚裡，我一談起這個話題，開始他們有些猶豫，但是在他們對我這個陌生人說起他們女人的時，幽默之中帶著無盡的真實、酸楚和期待。

　　我說，你們離家，女人捨得嗎？

　　套戶們說，不捨得也得捨得，不然哪來花項（指錢）。

　　你們從山裡回家，女人親熱嗎？

　　親熱啥呀？不管老爺們（男人）瘦沒瘦，先去摸摸馬、牛瘦沒瘦……

　　說到這裡，他們哈哈笑起來。

　　可是笑聲中，他們帶著些許苦痛，把諸多的細情、密情隱去了。那是套戶男人的隱私。我知道，我不該去問這個話題了。

　　第二個想念他們的，就是爹娘。兒子進山，那是和殘酷的大自然去對抗，弱小的人，隨時都有危難啊！有許多老人，兒子當套戶進了山，他們從此坐下了心病，怕半夜有人敲門，常常在夢裡驚醒，以為兒子出了事。

　　接下來的是孩子。特別是那些似懂事非懂事的孩子。當爹爹拉開家院門要走的那一刻，他們有時看到娘給爹擦眼淚，有時看到爹粗魯地親著娘……

　　但是，孩子從這一刻起成熟起來了。他們開始明白，爹這一走，會存在著許多意想不到的危難，也許，就永遠見不著爹了。

　　其實，最痛苦的還是妻。

　　套戶把頭曹立山告訴我，她們心中許多惦記，但往往不說。俗話說，男人外面走，帶著妻子半隻手。是說男人如何，從他的穿戴和行為上，一眼便可以看出來。但是，套戶的男人一走，一離開家就是幾個月，一切的一切全要靠男

人自己去應付，做飯、縫衣、餵牲口，還有諸多意想不到的事情。

因為，男人住的套戶窩棚裡是不允許女人進的，這條千年的老俗更增加了她們對男人的惦記和思念，於是許多人，剛一入秋，就開始給男人「準備」。她們，日夜給男人縫衣製帽，做鞋補襪，把所有的牽掛都表達在一針一線之中，為此多少套戶的女人熬瞎了眼睛啊。

套戶的女人，都是一些特殊的女人。

還有更難的是，她們的男人一走，剩下的一大攤子，全要靠她們去支撐……

給丈夫做上一副鞋墊吧。

那是她心中的鞋墊，帶著她的一切思念，會穿在丈夫的腳上，上山伐木、拉套，定會平安。

丈夫走了之後，她要去照顧年邁的公婆。

而心裡，時時在惦記著山林裡的心上人。那是一種艱難的苦熬。事實上，家裡的生活擔子並不比山上輕。

但是一切苦，她們嚥下，就有一個企盼，企盼他快快地、完整地歸來。

山上，套戶們開始了他們那種獨特的生存活動歷程。具體說來就是照顧好馬，照顧好自己，然後就是把木頭順利地「拿」下來，到「掐套」時能拿到錢，平平安安地歸家。

一條上上下下的雪道，通往大嶺深處。

那條雪道，實實在在是一個謎一樣的傳奇故事。

長白山，該是什麼樣的山啊。

雪林雪谷，該是它最恰當的總結。大雪把森林埋起來，這彷彿是雪的意圖，因此它不停地下，企圖填滿森林的千溝萬壑，去鋪平本來不可能平坦的森林，這樣一來，整個林子成了雪窩窩。

表面上看去處處是柔和的白雪，可是其實林子裡處處是「陷阱」。雪表面上已把萬年倒樹和深深的石縫都填飽、掩蓋起來，一切生靈不可能知道雪下面

的危難，那是一種平和的柔性死亡陷阱。有時人走上去，一下子不見了蹤影，那是落進萬年岩石縫中，從此再也不得生還。

有時，人一腳踩上去，是踩在倒木的表層上，一滑，人會一下子跌下去，落在深深的雪窠子裡，有時幾個小時爬不上來。有時第二年春天才會發現套戶的屍骨……

但是，這裡都是套戶們「摳條」作業場。

特別是那些伐採時間過長的伐場。伐下的樹等著套戶來裝爬犁，可是由於場地「不平」，套戶不願來，於是時間一長，雪落得更多，更厚，使得這兒更難進入。

為了「摳」出一根「條」（原木），往往幾名套戶就聯合起來，一根根研究、設計，看看如何將這根「條」從深深的大雪和複雜的地勢裡拖出來。這時，馬拖著爬犁，等在寒雪裡。

馬，眼睜睜地觀望著人。

它這時算是「休息」著、歇著。可是急走停下來使它體內潮氣湧出，立刻在皮毛上結成一層厚厚白霜，馬兒變成「霜馬」。

霜馬孤零零地停在林中寒風裡。體熱散盡，寒風凍得它渾身發抖打戰，它時而「咳咳——！咳咳——！」地嘶鳴兩聲。那是在催促主人，快些吧，我已凍得不行了，幹活吧。

可是，它又瞅見主人在忙。

主人往往是為去摳條，已掉進深深的大雪窠子裡。有時被石縫卡住，有時被樹木壓住，出不來，馬只好邊等邊焦急地嘶叫。

摳條這道工序，有時是馬兒眼睜睜地看著主人走進老林深處，卻再也回不來。

爬犁到了山頂，經過套戶對原木進行打枝丫和截段之後，就要一根一根地歸到爬犁跟前，這道工序叫「串坡」。

串坡是最繁忙的活計。而且充滿諸多意想不到的危難。那些大木，一根一

根並不是集中在一個場子，有時一根和一根之間距離一二里地遠，全由套戶拉著爬犁去取來，堆放在一起。

這時這個串坡的套戶行動要麻利，要快當，不能拖泥帶水。

有時串坡的是一副套子上的一夥人。

一個人專門負責串坡，一個人專門等著上套拖木，這樣合作起來可能更快。

因為老林子里根本沒有道眼，爬犁一走，也便成了「道」。

串坡是有「時間」限制的，在規定的時間內，如果不「串」完，爬犁和牲口等人，就等於誤了工。所以這個串坡的人必須會幹活，有眼力見兒，知道先運哪塊的木頭，後運哪塊的木頭，不走冤枉路。

串坡人的本事，往往決定了一副套的效益。

這種串坡活計，也多由套子上的爬犁把頭去完成，由於他熟知爬犁性能，能在老林子的大雪窠子上來來往往，行走自如。

而且，串下的木頭堆在那裡，要及時下運，不然山風吹動，或堆得過高，往往就會「滑坡」。

所有的準備都是為了把木頭從山上拖運下來，而所有的危難，恰恰就在拖木過程中。

一爬犁巨型原木，一次最少拖四米，上萬斤，要從高山雪道上滑下，靠的就是一馬一人。

在自然力面前，人和牲口的能力其實是非常有限的。

巨木爬犁一旦上了雪道，隨時會失去控制，套戶要拚命控制馬去「坐坡」……

在寒冷的長白山裡，套戶的馬的蹄甲常年淤血，都是套戶馬「坐坡」而至。山道直上直下，陡峭無比，爬犁拖木的所有重量，全靠馬的四肢去支撐，而馬四肢的分量又靠馬蹄去著地，所以牲口的蹄甲最受力。

拖著木頭下滑的馬，大多時候不是行走，而是「滑走」，蹄子插進道雪

裡，蹄甲在硬地上著力……

山地雪皮兒下，是堅硬的山石，老樹根的皮枝，還有凍硬的冰殼。

相比之下，冰殼發脆，牲口堅硬的蹄甲可以豁開它，但是偶爾遇到石頭或樹根，頃刻間牲口的蹄甲便裂縫，張開、翹起或撕掉……

寒冷、疼痛，已使牲口麻木了。如果套戶稍一粗心，下得山來便會發現牲口的蹄子已被血浸泡凍成一個大包，紅紅的，黑黑的，慘不忍睹。

但是，套戶馬還在拖木、坐坡。因它停不住。這種馬稱為血蹄子馬，是套戶馬的別稱，而這樣的馬最容易造成人毀畜亡。

在寒冷的長白山裡，幾乎每天每時每刻都能聽到某某套戶「傷牛」「傷馬」的消息傳來，那些不幸時刻在威脅著每一個套戶。

大樹拖運下山，就怕雪道滑坡。滑坡又叫跑坡。一旦跑了坡，誰也無法救。

爬犁在運行過程之中，爬犁雪道上的一點點障礙，往往都會要了人和牲口的命。比如一旁的樹枝子扎馬，比如山石縫別折牲口腿。甚至，就連老樹根子枝子被爬犁趟起，也是可以要馬的命。

還有上坡。

下坡怕跑坡，上坡怕累馬。

其實上坡是牲口最勞累的時候，有不少時候由於山場子太遠太高，牲口在上坡雖然拉著空載也會累死，何況是滿載呢。

拉滿載的牲口，每移動一寸，都很艱難。牲口們往往是在上山時就已把力氣消耗殆盡了，回來的路上，它「坐坡」時雖然危險，但是省些力。如果總是在走上坡，它也真是沒有力氣了。

上坡套戶一定要跳下來，幫著牲口拖拉爬犁，以盡套戶之心之意。

在孤獨的運木過程中，大自然裡沒有任何力量可幫套戶，只有他和馬，還有爬犁。

這三者，構成一個生存支架。那是一個生命的支架，缺一不可。

把大樹從山場子拖拉下來送到木場，再堆起來，或裝車外運，這叫歸楞。

每一個套戶，不將木頭原原本本地送到楞場，讓人家山場子把頭打上號，驗上等，就等於沒完活。有時還要起垛或裝車。

木頭從山上拖到木場（楞場）所有生命都已筋疲力盡，古語說，百里之遙，九九為一半也。是指人在一百里的路程時，走到九十九里，反而對剩下的一里地望而生畏，因為此時，人其實沒有一點兒力氣了……

套戶們拉著牲口奔波了一天，眼瞅著楞場在前方，卻再也邁不動步了。這時牲口也疲憊極了，望著楞場，它們的速度也減下來。

可是，套戶們任務還沒完。要起垛或上跳。他們要卸套。

卸套，就是將爬犁上的原木，一件一件地卸下來，擺放在楞場的木堆上。

這種擺放是指套戶們操起「小槓」和「掐勾」，開始「歸楞」。就是把木頭分等，往指定的木堆木垛上「歸」，也叫「集材」。有時還要裝車，上跳。這時，套戶裡要有一人當「號子頭」，由他領著抬木歸楞。

抬木的幫伙往往分四人、六人或八人，這主要看木頭的大小和粗細。

抬時，號子頭往往在前扛，他喊：「哈腰地掛啦嗎——！」其他的木把接號「嘿喲——！」「直起腰啦嗎——！」其他人接「嘿喲——！」「往前走啦嗎——！」「嘿喲——！」

這，就是森林抬木號子。

抬木的人都要懂「號子」。

號子是抬重物的人從心底發出的一種「自然」的喘息，它符合人的生理需要。因為有「重物」壓在人的肩上時，人一呼喊，往往會減少了人的精神勞累。

還有，抬木喊號子是為了步伐齊。俗稱「走在號上」。抬木歸楞，人行走的步調一定要齊，這全靠號子找。號子是抬木把頭的「口令」。人喊號，同時也「邁」在「號」上。大家齊心協力，才能將巨大的樹木堆起來，或抬上火車、汽車運走，這一切全要靠套戶們去完成。

套戶的肩頭或後脖梗子處往往有一塊「死肉疙瘩」，他們叫「蘑菇」，是指抬木時硬壓出來的「記號」。

兩個套戶見面，往往問「蘑菇起來沒有？」（把死肉壓出來沒有）

另一個說：「還沒擼順（木槓揉壓）出來！」

「還不行啊。什麼時候『蘑菇』出來了，你就成了……」

這一問一答中，記載著套戶們多少辛酸和痛苦的歷程啊！

在楞場不但要歸楞，有時還得「上跳」，就是裝車。

上跳的木把要「走跳」。

走跳就是抬著木頭往高高的上方前行，有時車高，木板跳上往往加兩至三個「卡凳」（墊在跳板下的馬凳），膽小的人，看一眼就發暈，但是為了生計，他們也得干啊。

上跳走跳分左右肩，這兩個人必須團結，心心相印，叫「一盤肩」。初上跳的小打有時走不在號子上，或腿一打軟，或走不好「跳邊」（板子的邊緣），往往一下從跳上掉下，活活地摔死。這時好心的「一盤肩」就會主動地挪一寸「掐勾」（減少你的重量）救你。

當楞場的木已歸好，或車上的大樹已裝好，這時套戶才能牽著身上披著白霜的馬兒奔往窩棚處。他們連一支煙也來不及抽，渾身已沒有一丁點兒力氣了。而且還要留著點兒力氣去卸馬、餵馬，籌備著第二天重新開始的又一輪同自然的搏鬥，盼望掐套日子的到來。

掐套，就是這一季活結束。

掐套的日子往往是在臘月根下，也就是套戶們開始分錢結帳了。

掐套日子越來越靠近的標誌是牲口的草料袋。每當那些鼓鼓的草料袋越來越扁下去的時候，這說明，套戶們回家的日子臨近了……

大家在把頭那裡分得了大洋，每個人數著，裝在貼身衣袋裡，準備下山回家。

是喜悅？是憂愁？

大多套戶，看著癟下去的草料袋，頭腦裡不斷地湧現出家人的面孔，那是一種長久的思念，是焦渴的期盼，但，也有心灰意冷的苦痛……

有幾堆草料袋，還在半鼓地堆在那裡。

為什麼呢？這是因為他們的馬在入山的第三個星期就「傷」了……

那天，馬兒拖第二趟木頭，套戶劉益旺裝得多，趕得也急一點，爬犁到了老鷹嘴，只見馬突然不動了，而滿載的原木卻依舊以飛快的速度移動！

劉老二知道，馬腿別進岩縫啦。

他大喊：「白子……」

他的馬是白馬。這是他賣掉半年的口糧從海林馬市上牽回來的上等套子馬！可是，一切都晚了，巨大的原木從馬身上衝過，眼前頓時飛起一片白濛濛的雪粉，劉老二看見，白色的雪粉中開出一朵一朵「紅花」，照紅了天空……

劉老二昏死過去。

第二天，他收拾一下馬的屍骨，在雪上埋了個「馬墳」，一個人孤獨地下山了。

他走了以後，他的馬的草料袋還孤零零地堆在窩棚後的雪林裡。這樣的草袋子，沒人敢碰，沒人敢動，人們走道都遠遠地繞著它。那是山林裡人類苦痛的紀念碑。

山上一天

套戶們的一天其實是從夜裡開始。

夜，漆黑一片。長白山裡江源縣前進林場黑瞎子溝套戶窩棚山場萬籟俱寂。雪，由先前的套子雪又變成粒子雪，隨意地填滿老山的溝溝岔岔……

山裡的冬夜靜得讓人恐懼。偶爾傳來窩棚前後套子馬用蹄子刨地聲和咀嚼草料的聲音。黑暗中，寒雪中，諸多的生靈存在著，那是套戶們的牛馬驢……

人一看它，它一看人。它們雙眼立刻射出亮點。民間和民俗中，都說牛馬是啞巴牲口，是指它們不會說話。

套戶老德叔告訴我，牲口會說話，尤其長白山裡拖木頭的套子馬。我說，你聽著了嗎？他說，聽著了，聽得清清楚楚，那是他夜裡出去給馬添料時……

套戶夜裡都要給馬添料，而且是「細料」（就是苞米子或豆餅水）。這是為了給宿在荒山野嶺上的牲口送些熱量，使它們解除勞累抵抗寒冷。

老德叔說，他的棗紅馬一見別的主人走出窩棚去餵時，它就急得用前蹄刨地，而當老德叔拎著料桶走出窩棚奔向它時，他聽見自己的牲口呵呵樂……

我嚇了一跳。問，馬兒在呵呵樂？

老德叔說，它見我來了，在呵呵樂，俺聽得清清楚楚。其實那是馬在叫，套戶老德叔硬聽出呵呵樂。

老德叔的兒子小德子每天夜裡都是被一泡尿憋醒。

自從他和爹來到窩棚裡，他每天早上這泡尿是正正好好夜裡兩點半。

大山和雪海都在沉睡的時候，其實套戶們的一天已經開始了。這是長白山裡諸多套戶中的一個。小德子撒完尿回身進了窩棚，他爹也拎著料桶走了進來，說：「點火！做飯！」

套戶們一天只吃兩頓熱飯，早上和晚上。為了出活，他們的晌午飯是在林子裡山上吃。硬硬的乾糧點把火烤一烤，就著白雪吃下去了。東北滿山的雪都

能吃。

小德子這年三十一。家在老山裡，說不上媳婦。爹說，等這一季活下來，把沙河子響馬屯的小寡婦秀蓮說給他。如今寡婦選男人也得挑挑揀揀了……

在家是娘做飯。現在在山上，爹又出去餵小德子的灰兔子馬，於是小德子就淘米做飯。灰兔子馬是老德子從響馬屯借來的，不太好使，而自家的棗紅馬老實聽話，能幹。灰兔子拉三米材，棗紅馬竟然拉四米還多，於是爹讓兒子趕棗紅馬，他使灰兔子馬。

飯做好，爺倆麻溜吃。

別的伙子也匆忙地吃著……

不一會兒，大家就放下碗筷，迅速地穿鞋下地，走到風雪中去套爬犁了。

套爬犁，完全是在黑暗中摸索著幹，沒有錢買燈籠和蠟燭。

套好爬犁，接著給牲口「敲蹄」。

敲蹄，就是用一根碗口粗的圓木棍子，掄起來，狠狠去擊打馬蹄殼子上的冰疙瘩。這些牲口蹄子上的冰疙瘩都是夜裡結上去的。

白天，牲口奔波在雪道上，蹄窩發熱，冰雪存不住。可是，一到了夜裡，寒冷從四野升起，牲口蹄殼立刻涼起來。

站在冰雪窩子中的牲口，蹄殼上便會逐漸結上堅硬的冰。如不在爬犁出發前敲去這些冰疙瘩，馬就會在坡道上打滑，使不上勁兒。

黑暗中，那種「噼噼啪啪」擊打牲口蹄殼的動靜在深山老林裡顯得格外清晰、動聽。這是長白山的「夜歌」，甚至幾十里外的人家如大早沒有鐘點，便會自言自語地說，套戶們敲蹄殼了……

敲完牲口蹄殼，套戶們各牽著自己的牲口拖著爬犁立刻出發。

今天，他們這隊套戶要去的是二十里之外的高山伐場。伐點越伐越高越遠，活也越來越不好幹。但為了活路，大家誰也不說什麼，都想和往常一樣，趕天黑前拉下兩趟。

一出窩棚門，就開始爬山。

在長白山裡，牲口驚人地懂事，它們彷彿知道自己一生下來就落入套戶家，就是上山林，就是去拖拉木頭。主人對它們任何吆喝都不用，出窩棚一條道，上山場；拖下木頭也一條道，下楞場。所有這些「程序」彷彿都刻印進牲口腦子裡了。

牲口那大大的眼睛會說話。套完爬犁敲完蹄殼，它們轉身就走。

在黑暗的冬夜中，馬拉著空爬犁默默地走著，兩眼閃著亮點。

雖然是拖著空爬犁，但步步上山，走不到十分鐘，人和馬都氣喘吁吁了。

馬走走停停，人也走走停停。

人，不去喝唬馬。因為人知道馬已儘力了。人有時實在爬不動了，就跳上爬犁坐上去歇歇氣；但又怕馬太累，有時又不忍心坐上去……

這時，馬往往停下來，回頭望望跟不上趟的主人，等他到了，坐上了爬犁，馬才又邁開沉重的步子攀登。有時，主人撸一把馬兒一頭一脖子的汗水，還有出汗的毛上結掛著的白花花的霜，很心疼，馬兒就回過頭來，用嘴和鼻子蹭主人的衣袖。鼻子裡噴出熱熱的粗氣，吹得鼻孔上的霜掛不停地飄動著。

它，就是一個牲口啊，要會說話它一定要說點什麼：山太高，嶺太陡，真是沒有辦法呀，我的主人。

在這種環境中人徹底地親近自己的馬。它是喘氣的東西，是一條命。黑夜寒冷雪林裡，它又是人的膽子。人知道，人在這孤山荒林裡該是多麼孤單，馬，這麼一條喘著氣息的活著的生命，對人該是多麼重要的陪伴……

恐懼的黑夜，使套戶們盡量靠近自己的馬。

馬也知道等等主人。

彷彿它也害怕黑夜，怕孤單。

有時拖著空爬犁爬大山，他感覺到主人離它遠了，於是就主動地停下來，等等主人。

那是兩個相依為命的「活物」，彼此間根本不再有「高級」「低級」之分。他和它已是「同級」，都是「活氣」。有這一點，彷彿也就足夠了。

黑夜在濃濃地繼續著。什麼也看不見。人只是低著頭跟著馬的步子往上攀。也不知是不是「路」。但一切都交給了馬，相信了馬。因它是被自己餵養並帶進了雪林深山的活口。黑暗的林子裡只有人和馬喘噴著粗氣的聲音和爬犁壓雪的「唰唰」聲，以及人腳艱難地踩在林中雪上的咔吱咔吱的響聲。

　　馬會聽聲。

　　一旦套戶的腳下發出疲憊的腳步聲時，這說明人已跟不上爬犁，馬就會主動停下來，等著人。這真是心有靈犀一點通啊！一切已不需要語言。聲音和氣息已滲透進生命的思維中去，天衣無縫地構成地球生命的奇蹟……

　　可是，那是一條漫漫的雪道，又高又陡，任何生命每攀登一步都要付出代價。黑夜和寒冷掩蓋著一切，沒有人稱讚生命的能力，是生命自己在頑強地表演。

　　曾經有許多這樣的情況，馬拖著空爬犁攀上升入雲端的雪山伐場，沒等裝木就已經累死了。馬活活累死，是那麼招人憐惜。它上了山岡，「撲通」一聲摔倒在地，渾身軟軟的，就像一堵土牆坍塌下來。上山累死的馬，先是身上升騰著白濛濛的熱汗氣，潮濕地蒸發起來，然後逐漸地不出潮氣，馬身上的潮濕水汗結成一層厚厚的白霜，硬硬地覆蓋在動物身上。而後它身上的霜雪會越來越硬，馬的四肢收縮，凍結在一起。

　　這時，套戶開始痛哭。他們心酸地從凍死累死的馬的僵硬屍體上一節一節摳下皮繩套索，把對動物的深深懷念勒進心底。

　　許多套戶空爬犁上山沒有拖木就「傷」了馬，這會使他們長久地痛楚不已，往往一季也過不了心酸勁兒，更有許多套戶，從此下山，再也不願幹這一行了。而且，這種「套戶」常常被人看不起，特別是他們怕被自己的家人看不起，怕妻子「責罵」。在長白山裡，一個被女人看不起的男人，活著沒有任何意義了。

　　但是，一匹接一匹的馬兒在上山時累死累倒了。高高的寒冷的伐場不斷傷馬，這使得更多的套戶對未來心驚膽顫；對他們的前途無法預料。於是，更把

一切都寄託在馬兒身上。他們恨不得把自己也「變」成馬，寧可自己累死累倒，也不願失去牲口。在這種時候，平時的一切規矩都成了多餘，只剩下人對動物的渴望、理解和愛。

他們真希望馬會說話……

動物如果會言語，它們這時候一定會和人來交流。人渴望著，馬也渴望著。

走啊走啊，黑夜竟然會變得如此長久。天不亮，久久地不亮起來。而且，黎明前的黑暗是那麼漫長。老林寂寞地沉肅著，死死地黑著。這使人渾身害怕。有時肅靜會使人發瘋。

人和馬都需要聲音。這時，人往往相隔一時半會兒便會大聲地吆喝一聲：「駕——！」或「哦哦——！」其實，那不是吆喝牲口，那是套戶為打破冬夜長白山的可怕的黑暗肅靜和沉默自發地從心底噴出的喊叫。別的套戶也懂得這一點。他們偶爾也發出如此聲音。其實是給對方去聽，讓心靈和心靈交流。

而牲口，也懂這一點。

它彷彿知道主人不是在吆喝自己，它於是自己在走自己的路，不在乎主人發出什麼聲音。在這一刻，人類千百年來所創造的一切所謂的客觀規律都不客觀了，一切都變得和正常的倫理相反了，而一切在平常似乎不正常的規俗在這種歷史時空裡都變得完全正常了。奇怪的是動物竟然也懂得和理解人的做法了，這是一種異乎尋常的時刻，這是一種與平時不相同的逆向思維……

走了近三個鐘頭，天才漸漸地放亮了。

天光一亮，人和馬都已累得精疲力竭，人和馬兒四目對視，都是披著白霜的生靈。馬兒看了一會兒人，又低頭去爬山。

套戶劉邦把頭對我說，天亮馬兒對我一看時，我心上一緊，我簡直不敢看它的眼睛。

那時，馬的雙眼完全被霜糊死，只從霜的縫縫裡透出動物的眼神……

那不是馬兒，分明是人啊。

那眼色中透出一種靈氣。分明是人眼。看著我，盯著我；是想罵我，是想咬死我；是恨我，是愛我；還是一種無奈？

我看著馬兒的眼色，內心充滿了恐懼啊，我分明是在折磨一個生靈，我是在虐待著一個無辜的可憐的生命，這是我的罪過……

人類對不起動物啊。

在那一刻，我相信老人們說過的一句話，這輩子不做好事，下輩子讓你當牛馬！完全可能，這匹受苦遭罪的馬，上輩子就曾經是做下「壞事」的我？為什麼我會如此痛苦，並懼怕馬的眼神？

可是，馬還只是馬而已。馬永遠只是馬呀！它只是久久地望了一會兒主人，於是又扭轉了頭，邁開它已經累得抬不起來的蹄腿，又拖著爬犁向山頂默默地走去。

在我們人類與父母，兄弟姐妹，朋友親戚關係密切時，我們人類受他們面部表情或語言的影響會感動，會分擔他們的痛苦和悲憤，會分享他們的歡樂和快慰。如果我們留心觀察，會注意到這不但會發生在與人的這種關係中，而且還的確會發生在與動物植物，甚至與無生命的事物如岩石等一些物的關係中。

比如說，我們有時會可憐或同情一隻受傷的小鳥或動物，看到受損或遭破壞的無生命的物體，我們也會感到悲哀和痛苦。

還有，當人們遠離家園時光過長，不但會想念早期生活中一些很重要的人物，而且經常會滿懷深情地想起那些曾經熟悉的高山、田野和河流，就像是老朋友一樣了。我們甚至對那些曾經喜好並用過很長時間的無生命的東西和物件感到依戀和親切，更何況這些牲口呢？

套戶們的牲口，常年在落雪的季節裡與人為共，一塊兒來到深山，人和它們已經通氣了。人和它，它和人，已構成不能分割的依賴。

在從山底到山場子中間有一個岔道的地方，老德叔和小德子分手了。小德子和幾個套子幫伙到那片新開的伐場去裝木，而老德叔，是為了把昨天剩下的那幾米木材拖下來……

一家人和一家牲口，彷彿也知親近，看看老德叔拉著灰兔子馬兒走，棗紅馬哝哝地叫了兩聲，老德叔心下一驚。

回頭對兒子囑咐道，裝載前轅輕點兒。棗紅馬昨天有點兒不舒坦。

兒子答應著。爺倆很快分手了。

由於這頭一批出發的套戶們是為了趕頭趟，太陽一冒紅已上了山場，等裝完往下拖時，太陽才剛升起一竿子高……

這種三十里遠的山場子別看上山要爬三個小時，可是下山只需半小時，那是一場前所未有的古戰！激戰！

當套戶的爬犁裝上重載，開始拉好距離下山時，每副套爬相距五公里左右，近了不行。近了，萬一爬犁在雪道上出一點兒故障，眨眼間後邊的爬犁就追上，你不讓出道眼，往往造成爬毀人亡。山上，專門有人「喊套」。喊套，這是一種古老的方式。

每當一副重載爬犁滑下山來，山上的趕套人就會大喊一聲：「下──爬──犁──！」

喊聲穿越過萬山千岔，傳遍雪原。

隨著靜靜的長白山被這突然的喊聲劃破，緊接著就會聽到「稀里嘩啦轟隆」的響聲，那是馬套的銅環皮索碰擊凍硬的木頭髮出的動靜，一架爬犁衝下了山坡。

人們順著聲響視去，什麼也不見，只見林中升起一道灰色的雪霧，濃濃地從平地躍起，老林裡頓時天昏地暗……爬犁衝起的雪霧久久不能散去……

雪爬就像一匹撒疆的野馬，狂怒地放開四蹄，在老林的雪海中奔馳而下，一路揚起漫天雪塵，就像一列火車開進了老林，轉眼間，轟轟隆隆聲消失在山下，而升在空中的雪霧卻漫漫地在林中逗留，在長白山的上空，飄蕩著，飄蕩著，又被老風颳向了遠方。

這一天，所有的套戶都趕了兩趟。

只有三家昨天腰扭傷，或馬太累的套戶，起得晚些，拉了一趟。

傍晚黃昏，各家套戶的爬犁紛紛來到楞場。大家緊張地解套卸木、歸楞、

上跳，以求快點回到窩棚，好讓馬兒歇著。

可是再麻利再快，等卸完套，再從楞場回到窩棚住地，太陽已迅速沉到遠山的背後去了。

天，已經完全地黑了下來。

牲口和人都累得不願出聲。馬只是低著頭疾走，它是盼著快些歸「家」，不用吆喝，它照直奔窩棚走。

一天的緊張，也是歡樂。

拴上牲口雖然天黑下來，但由於這一天的平安，套戶們的心中往往也充滿了知足。

他們把馬身上已被汗水浸透的鞍子、套包揭下來，準備帶回窩棚裡去烘烤，又拿來草袋裡的草料給馬拌上。

讓馬喘喘氣，先去喝些冰溝中的水。

剛卸下爬犁套的牲口，不能馬上喝水，不然牲口容易炸肺，要讓它們喘息一下。這是套戶們的規矩和經驗。

馬喝飽了，開始匆匆地吃料。

這時，套戶們才轉回窩棚。

這時，窩棚裡飄蕩起飯菜的氣息。各家各套幫伙操起各自的鍋，輪流在地上的四個大爐子上做飯。隨著飯菜飄出香氣，隨著開水燙熱的老酒飄起酒香，套戶們的幽默和智慧開始流淌了。也只有這時候是他們歡娛的「瞬間」。

一套一份，飯菜端在自己面前。

也有的帶來了好酒。就大喊：「來呀弟兄們，誰來『搬江子』（山裡話，喝點酒）！」

於是，自告奮勇，一些夥計圍上來了。

那是生活中難得的樂趣。

漢子們脫掉上衣，一個個露出男人本色。大海碗中倒上「散裝」（一種便宜的山林老作坊生產的土酒），然後輪流「乾杯」。

沒有什麼正經的下酒菜。

一把花生米，幾粒鹽豆，甚至，半拉鹹鴨蛋，幾捏鹽面，在套戶們的窩棚裡，都是上等下酒菜。

在東北，在長白山裡的爬犁套戶中，山裡的生活不行來女人，而他們的話題卻完全是談「女人」。

先是「哨」。

哨，是東北民間的一種順口溜，是一種人人都熟悉的見景生情借題發揮的「民間藝術」。而且是口頭藝術。這時，先要有人「逗話」。

逗話，就是互相「攻擊」。

比如有人說，把頭，你先「造」（說）兩句唄。

把頭往往視人而異。比如一個平時大夥總愛開玩笑的人這時插了嘴，把頭就會說，你喳喳啥？有別人說，還有你說的麼？

那人也不示弱。於是說，你跟我要啥，有能耐回去和你嫂子鬥去。

於是把頭開口就來一套：

> 小夥小夥你別美，
> 回去枕你嫂子大腿。
> 你嫂子一翻身，
> 造你滿臉紅糖水！

大夥一聽，哈哈一笑。這就是東北民間的「哨」。

東北的哨，講究可以笑罵任何人，但絕對不能捎帶爹娘。這是「藝術」和「絕活」，又是東北人的品質。接下來有人提出，把頭曾經學過唱二人轉，給大夥來一段唄……

二人轉，又稱「蹦蹦戲」，是東北民間人人愛聽又愛唱的一種民間戲曲形式。東北曾經有「寧捨一頓飯，不捨二人轉」之說，可見這種文藝形式在東北

民間的普及。在大夥的強烈要求下，把頭往往說，俺唱丑，誰唱旦？

東北的二人轉，分丑角旦角。

旦角應該是女的，又叫「包頭」。但是長期以來，東北民間沒有女人真唱二人轉的，於是二人轉的藝術班子裡就讓男人圍上一條小手布，裝女的，稱為包頭。這時候上哪找女人，於是也得裝「包頭」。

可是，讓誰包頭誰不干；沒招了，把頭說，來吧，我當丑，你們誰給俺當旦，接接就行。立刻有幾個人自告奮勇，於是，一台二人轉就在套戶的山窩棚裡「演」開了。

把頭（裝丑角）唱道：

大鑼一響

大吉大利

驚動了前街後院

喚起了左右鄰居

小夥子叫大哥大嫂

大姑娘喊三姑六姨

老太太拿著板凳

老爺子夾張狗皮

有的抱著胖小子

有的拉著俊閨女

這個說看看去

那個說瞧瞧去

進得場來各找向陽之地

擠著碰著莫要唧唧

別因為看雙玩意兒

傷了多年的和氣

這個說要看《大西廂》

那個說愛聽《回杯記》

要看也沒看頭

要聽也不咋的

雖說不能少根無調

難免有個崩瓜掉字

也別說人家唱得好

也別說咱倆唱得不濟

都樂意看看包頭的

說實在的，還得看我們唱醜的

你打聽打聽南北二屯

誰不說我長的……

大夥一齊問：咋樣？

丑：真不咋的！

於是，大夥哈哈笑起來。笑聲夾帶著熱氣，飛出冬季深山裡的土窩棚，飄蕩在寒冷的長白山冬夜的上空，久久揮之不去……

夜，又漸漸地深下來了。

吃著、喝著、鬧著、玩兒著，有的人累了，就悄悄地躺下，睡去了……

他們實在是乏了。

有的人，穿上衣裳，準備去戶外給牲口添料，回來好歇著。

戶外又到了一片漆黑的時候，黑得和黎明相似。

彷彿又是今天早上。只是雪已住，但沒有星星，冬夜的山灣裡靜悄悄的。

見有人一開窩棚門，馬兒以為主人來了，急得刨地踢槽。還有，它們的響鼻。

聲音是「蘇嚕嚕——涕！蘇嚕嚕——涕！」

可是，就是這種聲音，老德子卻硬說是馬看見他來了，在呵呵地樂。叫人信還是不信？反正是真的記在心底，不忘這個詞。

老德叔的棗紅馬和灰兔子，一聽他來，準是呵呵地樂。人們太相信這種形容了。

窩棚裡，這時一點點沉寂下來了，因為已到了夜裡九十點鐘了。套戶們一個個脫了衣褲，只剩下褲頭，就差沒光腚了，因為窩棚裡太熱。鞋、衣裳、鞍子、套包，一件一件掛滿了頭頂。上面的水滴下來，時而在爐蓋上撞擊，發出「哧啦哧啦」的響聲，在紅紅的爐火的映襯下，一股股酸臭的氣息又和昨晚一樣飄蕩起來，在山窩棚裡濃濃地瀰漫著。

套戶們放情地睡去，一雙雙勞碌的泥腳裸露在外……

那腳，看上去簡直不是人腳，一片片污跡，一處處老痕。可是，從那一處處的老繭，一片片的傷疤上去斷定，那是套戶的腳。

每天，這種腳要和牲口賽跑！這種腳要和牲口蹄子一樣去丈量高高的長白山，甚至比牲口還勞累。在牲口等爬犁裝木材時，這些腳還在奔走、忙碌，去林中的深雪裡趟走……

讓這些腳在深深的夜裡歇歇吧。沉睡的呼嚕聲開始從四處響起。

夾雜著咬牙，說胡話夢話，還有東北漢子們的有勁兒的「咣咣」的響屁。

屋裡，就在那一切的沉靜片刻，火爐子的火「呼呼」的燃燒聲，不停地震動傳播，與外面的風聲融合在一起，在這荒寒的冬夜，大山顯示出無比的神奇……

四野漆黑無助。山，靜著，樹，靜著。天上星星出來了，一個比一個亮著，清清楚楚地說明著夜已深。

前半夜，忙著吃草的勞累的馬，彷彿也已睡去，一點兒聲息也沒有了。整個世界都沉靜下去了。

一切，都沉睡了。

可是，不久，又快接近昨日的那個時辰了。這時的一切都累，是世上的一

切生靈最疲勞的時辰。他們，一切生靈都需要歇著。可是，用不了多久，他們必須又要爬起來了。兩個時間已接頭。又一個輪迴要開始。

一個千篇一律的輪迴。而這，只是套戶們的一夜一天。

這一夜一天，也許就是套戶們的一世。

套戶故事

一、套戶老德叔

老德叔決定和兒子換馬。

昨天，灰兔子沒有拖完剩下的木頭，他今天還得上大頂子伐場。

在山道的岔路口和兒子分手時，天還是漆黑的⋯⋯

兒子說，爹，棗紅馬昨天拉得不錯。這一季下來，我的大事一定，你也就省心啦。

黑暗中爹樂了。

爹說，秀蓮來信了？

兒子說，還是原先那意思，少三萬下不來。

爹說，這都是她媽原話？

兒子說，嗯哪（正是）。

爹說，也難怪。多好的人哪！可偏偏攤上個天天喝酒耍錢四六不懂的玩意兒，還打人。這才離的（離婚）。可是媽家也一大家子人，白養活一回姑娘？三萬就三萬，爹這一季就給你掙下⋯⋯

黑暗中，兒子只說一句，爹你別累著。

於是牽著灰兔子走岔道奔山場了。

棗紅馬打著響鼻送灰兔子，灰兔子也打著響鼻回應。棗紅馬是一匹騍馬。灰兔子是一匹兒馬，平常，它們是很好的伴呀！

老德叔繼續爬山想著，伴就是伙，別說是公母，就是人在男女之間，也想啊。

前年正月，響馬屯的秀蓮作為婦女主任來到套戶屯統計會扎燈籠，慶祝抗美援朝勝利二十週年，在屯會計室，她認識了兒子小德子⋯⋯

小德子屬馬，那年又是馬年，小德子就把他從部隊上學來的紮彩手藝都用上了。他一氣紮了五盞馬燈。秀蓮喜歡得不得了。臨離開套戶屯那天晚上，小德子後來跟娘說，他們定了終身。但是彩禮（訂婚禮，作為娶媳婦用）得三萬，是她媽開的數，因為女兒離婚後已在娘家住了三年了。後來，是小德子娘把話傳給老德子，人家秀蓮那麼好一個姑娘，和前房又沒孩子，咱小德子要能娶來，這也是咱家的福，掙吧，攢吧。

老德子點點頭，掙吧，攢吧。

可是在北方，一個套戶人家能靠什麼呢？

自從兒子和秀蓮關係定下之後，老德子就盼著下雪，就盼著拖木。

可是，北方的森林在千百年的採伐歲月中已採伐殆盡，山，快「剃」光了。那是從清朝時就伐；後來俄國人伐；後來日本人伐。到了解放初期，林業局也是大伐特伐。到了二十世紀九〇年代初才覺得如此伐下去大山大嶺將變成禿山光嶺，於是這才有了「抽伐」。

抽伐，是一種科學採伐的方式。

就是由林業局將林子下放，包給林子把頭去經營管理，林場子把頭每年根據林子密度，有限地選擇伐場，是為了使老林樹的密度保持在通風透氣的程度上。

就因為這種採伐已不是從前那種大規模的，所以每年斷斷續續地進行，去年就是套戶的「歇年」（沒活）。所以今年一招套戶，老德子和兒子先期報名。

其實，套戶們的存在也已是暫時的了。

如果不是老德子在套戶屯，現組織已經沒人幹了。許多套戶散戶，已經不干而去從事別的職業了。

套戶這個名詞，這種行業，已是最後存在。

因為用不了多久，當森林採伐最後結束，套戶就永遠解體，這個名詞再也不存在了。

套戶這種生存方式將隨著森林採伐的永遠結束而永遠消失於史，也是完全

可能的事情。

看來消失，也是自然中的一種自然。

任何事物發展到一定階段，也許就到了它該消亡的時候了……

可是，自然中，人類生存史上是曾經有過「套戶」這種組織，這個行當的。

天，漸漸地亮了。

大地和遠山先飄起霧帶。冬天的霧帶在長白山裡是常見。這是因為這兒雪大，太陽一起，無數微小的雪氣和霜粒升騰後化作一條白濛濛霧帶，它隔開森林、遠山，然後托住了太陽光形成的。像一條潔白的銀河從遠方流過。

不久，陽光從霧帶頂端或底端穿過照亮樹頭。

白雪茫茫的長白山老林，陽光掛在枝上的團團雪球、雪蛋，被照得刺眼銀亮。

林子裡一片銀蛋銀球。

天，藍得醉人。偶爾，微風在林子間穿過，枝條上雪就落下一朵，雖然是輕飄飄，也砸得下邊的舊雪跟著落下，於是老林裡頓時揚起濛濛雪霧。

朦朦朧朧的雪霧在萬籟俱寂的林子間瀰漫著。卻無有一點聲息。

風一刮，雪霧又飛揚起來，像一片片薄紗，輕輕地扯在林間。

不一會兒，雪霧雪沫漸次淡去，林子又清晰明朗起來。

在明朗中，能看清雪把樹已包包裹裹地纏著，給人一種斑斑駁駁的感覺。白雪把樹的枝條上層一面覆蓋著，下邊一面裸露出樹的本身的深綠、老綠或枯黃……

最生動的是超出樹群的林子頂冠部，陽光將枝葉描成銀亮的白花，一朵一朵絢麗地指向藍天。

藍天用它的醉人的藍清晰地勾勒出林樹披雪的銀白線條，把老林勾勒得極其神聖、神奇。這是大自然難得的面目。人彷彿不是在人間，這是一種陌生的而又無比迷人的仙境。

林間靜得讓人恐懼，總覺得會有什麼事情發生。

會有什麼事情發生呢？

這時候，早起的套戶已把頭一趟套子放下來了。

在林間的平坡上，人能飽覽套子、爬犁、拖木的雄偉和壯觀。馬喘著粗氣，頭一上一下地晃動著拖著大木走。那些大木，每一根都四米到六米長，拖在雪道上，發出「嗦嗦」的響聲，是長白山老林裡的奇特音樂。

老德叔今天的伐場，在大頂子又靠裡了。

昨天他進來，發現一棵巨大的紅松，他用眼一估，三爬犁拖不下。

可是今天他發狠，要兩爬犁拿下。

要掙足三萬。要把秀蓮給兒子領到家。

棗紅馬也彷彿知道主人的心思，它被主人領著，來到伐場的深處……

棗紅馬聽話地站在林子深雪裡，望著老德叔。

今天頭一趟下山的是石頭河子的套戶張連吉。臨下山，他點上一根煙，遞給老德叔。

張連吉頭也不抬，說：「老德子！悠著點（適可而止的意思）。」

老德叔抽了一口煙，「嗯」了一聲。算是回應。

張連吉說：「咱們套戶，總是發狠。多拉，多拉。可是細細想想，你能把大山拉下去？」

老德叔又哼過一聲。

張連吉又說：「可也沒法。不拉咋整？但我還是說，悠著點！」

誰知，老德叔卻所問非所答地說：「這一季下來，我身子底下鋪的那張狼皮，就給你了。你回家送給你爹。他腿腳不好。這張狼皮是我有一年活扒下的。鋪起來暖和，暄騰……」

張連吉瞪他一眼，掐滅煙頭子，站起來奔爬犁走去。然後甩下一句話：「今個晌午飯，我在下邊吃。黏豆包，給你留一碗……」

三套爬犁套子放下之後，老德叔是第四套。

第三套的套戶是麻搭山屯的於文楚。

他這年正四十歲，年輕好勝。他走到老德叔的爬犁套子前，用腳踢踢擺在上面的四根粗大的紅松原條，羨慕地說：「正月孩子的婚禮，別忘了言語一聲。」

老德叔回答：「那是。」

「我帶上你弟妹，一塊兒去。」

「一定。」

「一言為定。」

「好。」

於文楚轉身走了。

山林裡靜靜的了。只剩下老德叔，爬犁，還有棗紅馬……

今天，大頂子伐場只來了四掛套子。因這條道是初開，又遠，很多套子不願進來。但這兒木頭好，雪裡藏著「老貨」（初冬時伐下的大樹，還沒人敢進來）。老德叔自告奮勇地對套戶把頭李有義說，俺要去大頂子。

當時，李把頭瞅了他半天。

這年，老德叔正好五十六歲，人家敢於報名上大頂子的都是在三十歲以上四十歲以下的，難怪李把頭瞅他半天。但是，最後李有義還是答應下來。

這是因為，老德叔是長白山裡套戶屯一帶出名的把頭，他和他的馬，都是出名的套子成手，這一點是讓人放心的，唯一不放心的就是他的年齡。

本來在東北的長白山，人足足可以活到七八十歲還硬硬朗朗的，可是套戶不行。一個當套戶的，一上了五十，往往腿腳就不行了。

腿腳是指步伐。

上山趕套子，全靠步伐。

這步伐，是指跟上牲口的步子。如果你是趕牲口的套戶，一旦在山上跟不上牲口，牲口也看你來氣；牲口一來氣，它就不完活。

它心裡也在想，還是人呢，連我不如。

最突出的地方是腿腳跟不上的就得總坐爬犁，這一下子增加了牲口的負擔。因此許多一上年歲的套戶也就主動不上山了。

可是老德叔不同，他雖然五十多了，但體格硬朗朗的。但是套戶把頭不管那一套，他必須要保證這一季人馬安全。不過考慮到老德叔身體還行，而且，主要的原因是他也清楚他的兒子小德子定在正月二十八的婚禮，這才狠下心來答應的。

不過按照慣例，他還是要對方的口供。

李有義說，你想好了嗎？這可是大頂子。

老德叔說，別處我還不上呢。

李有義說，不然，讓你兒子上吧。

老德叔說，你別引這個話口。

因在此之前，兒子知道爹的心思，兒子和爹商量過，他想上大頂子拿木頭。可是爹死活不吐口。爹發火了，爹不老，爹比起你，比起一般之人，爹還不和任何人服氣。而且，讓人貼心的是，有咱的棗紅馬……

所以前幾天，他把棗紅馬先給兒子，是讓他牽著上霸王口伐場，那兒比大頂子伐場近六里三，是為了讓棗紅馬先溜溜腿，攢足了力氣再奔大頂子。

老德叔的一切話都是封口話，他就是讓兒子斷了這個念想。老德叔有三個姑娘，就這麼一個兒子，如今還沒說上媳婦，他能不盼早點抱上個孫子，歡度他的晚年嘛……

太陽已躍近中天，老德叔從爬犁旁站了起來，奔向棗紅馬。

按著時辰，第三趟套子於文楚的爬犁已該走出七里地之外了，現在該他放坡了。

他走向棗紅馬。

馬兒，從打上山，結在身上的霜就沒有退去過。他伸手摸摸棗紅馬的鞍子底下，那裡濕瓜瓜一片。昨夜雖然烤乾了套包，可是無濟於事，棗紅馬把空爬犁拖上山，身上的汗已濕透了鞍套……

老德叔心下一緊，他多少有些猶豫。

他今天是一狠心裝了六米。

要知道，一般的爬犁，只能拖四米到四米五左右。

今天，他實在是捨不得這棵紅松。

為了不「傷」（浪費）林材，他把那棵大紅松截了四節，還剩一爬犁，他安排等下趟。他這是「恨載」（下決心去幹一件事），所以才把它們擺在爬犁套上，因為，他也是在相信馬兒，也相信他自己……

可是馬行嗎？

他的馬，他唯一擔心的是，馬昨天有點兒喘。

喘本來是常事。可這幾天，棗紅馬有些「上火」（眼仁發紅），這是它被「霜」拿的。

霜，對馬害處很大。

在中國北方，在長白山山林的套戶間，大家都知道「馬怕天上星，牛怕腳底冰」這句話。「天上星」，就指霜；「腳底冰」，指牛趴著，別在冰上。如果馬身上總披著白霜，它就容易傷肺；體涼，它就上火，於是坐下病。

可是，怎麼辦呢，儘管幾次夜裡，老德叔都出來把棉被給老馬披上，可是無奈馬兒太累了，它身上的汗氣始終化作白霜結著。馬身上的雪霜就沒退去過，汗沒幹過。

當老德叔用手撫摸棗紅馬時，棗紅馬懂事似的扭過頭來，它從掛著厚厚白霜的眼睫毛後把一雙透明的但已變得發紅的大眼遞過來，深情地看著它的主人，頭一揚一揚地伸出潮濕的舌頭，舐著主人的佈滿鬍渣的嘴巴和腮……

老德叔突然預感到，棗紅馬今天非常懂事似的，他忍不住一把抱過馬頭摟在懷裡……

老德叔心咚咚跳。他說不清今天自己複雜的心情。他此時已把馬當成了兒子，這已是他全部希望和夢想的最後底限……

馬彷彿什麼都知道，真的。馬當時在老德叔懷裡待了一會兒，突然一掙扎

脫離了他的懷抱，揚頭衝老林唉唉地叫了兩聲，彷彿在提醒老德子，是到咱該下山的時辰了。

時辰在林子的套戶間是非常嚴格的，因每一道套子爬犁奔走在爬犁道上是有時間要求的，快了不行，慢了也不行，而這個「點」，是套子把頭掌握著，不聽不行。

這一刻，老德叔後來說，他後悔過。他當時曾動過再卸下兩米的念頭，可是不知為什麼他當時就沒卸，因為馬拖著爬犁已經啟動了。

在北方的長白山，套子爬犁拖木已有久遠的歷史了，這種歷史永遠不會改變，除非不伐樹，不運木。因為這兒大嶺太高太陡，現代化的汽車和拖拉機集材上不去，就是科學再發達的未來，如果需要伐木，也會選擇套子爬犁……

在這種環境中，「開弓沒有回頭劍」這句話最合適，爬犁一旦歸進雪道，想回身，想反悔，想重新來，都已晚了。剩下的只有兩個字，向下。

在人類和自然界中，環境其實是一樣的，不一樣的是人或者生靈能從一樣中去創造偉大。我在去了長白山後，我在和套戶們生活了一段後，我有一個建議，我想，人類應該記住那些與人共處過的給人以生活內涵的牛和馬，這可能有助於瞭解我們人自己。

瞭解牲口，也有助於瞭解自然。

牲口也是自然的一部分物質體，就像山、水和岩石，還有樹木、草和野花，再加上人。

人有時只去認識人自己，失去了對諸多方面物質體的認識，這對於人是巨大的損失。其實看去物質的無生命的自然體中蘊含著無限的生動，那些彷彿無生命的物質體本身的生動和美麗都被人忽視了，麻木和粗心的我們啊，不能去很好地發現和認識自然界中諸多的美好。

老德叔的棗紅馬爬犁從大頂子雪道滑口一紮下去，憑天騰起茫茫雪氣。像一個巨人站在高台跳水台上然後一頭紮下去，濺起的雪浪「刺」向兩旁的樹木，又被樹林反彈回來，交叉在雪道上空，然後「嘩」一下落下去……

當這一片升騰起的雪塊噴起來又迅速落下去時，爬犁拖著巨木已竄出半里地之遙……

老德叔緊緊拉著套繩控制速度，棗紅馬老練地翹起後屁股靠在原木上不停地使勁兒「坐坡」，可是，一切都無濟於事，爬犁依舊箭打似的飛往坡下！可想而知，如果馬不「坐坡」該怎樣。

老德叔心疼馬。他緊緊地閉上眼睛拉著傻繩想，人啊，一生也許就是聽天由命。

就聽耳旁風聲「呼呼」作響。

爬犁載木的前殼搓起雪道兩旁萬年不動的雪層，把臉盆大的雪塊子拋起來，不斷地砸在老德叔的身上臉上。老德叔拚命地睜大眼睛，企圖透過狂暴的雪塊雨看清前方，可是前方朦朦朧朧！

只有靠馬了。

他的可憐的馬，四腿幾乎不動，只是直直地支著地，任憑身後巨大的原木在下坡雪道上狂暴推動飛速下滑……

坐在原木上的老德，只能分辨出棗紅馬的後腚在左右不停搖擺、晃動。棗紅馬累得吱吱地放著一串一串響屁，尾巴甩動在老德臉上。老德不停地用手撥拉著馬尾毛和雪塊，嗅著熟悉的棗紅馬的屁味兒，心裡充滿了感激和感動……

突然，他覺得飄來一股濕濕的液體，一下子抹在他的臉上。他用手一抹，是一把鮮紅的血，滾燙……

血，哪來的？

老德以為自己傷哪了，他拚命地晃晃胳膊，沒有事。那麼，難道是馬傷了？可如果馬傷了，它怎麼還在走？

老德拚命撥開甩過來的雪粉和雪塊子向馬身上看去，這一看讓他大吃一驚。只見，一根足有兩米長的碗口粗的樹杈子斜刺著插在棗紅馬的肚肋上，使馬變了形。

馬好像安上一對木頭翅膀，它要駕著雪霧從大嶺頂上飛起，飛躍千山萬

獄……

可是，馬彷彿沒什麼事一樣，依舊四肢頑強地支地，拚命地用後屁股頂著木堆在坐坡，防止原木爬犁下衝！仍然在奔跑！沒事一樣！

我的馬呀，兒呀……

老德叔苦喚了一聲。

大顆的淚花，一下從老德叔被山風寒霜凍爛的臉腮上滾落下來。

年過半百的老德叔，咧開大嘴哭喚著。他一個跟頭從爬犁頂上的木垛上翻滾下來，跳落在棗紅馬的屁股縫裡。他使出老力，用身子緊緊擠住飛馳的木垛，試圖和馬兒一起阻止爬犁下滑。

可是，一切都沒有用。

爬犁太重，雪道太滑，坡度太陡。儘管他和馬加在一起六條腿支地，可仍能感到耳旁呼呼寒風作響爬犁在飛快地下滑著。但他，已明顯地感受到棗紅馬渾身在不停地顫抖，原先那發熱發潮的皮肉，在一點點發涼。他心疼得閉上眼睛，再也不敢往馬身上看去！

那插在馬身上的木棒邊緣哧哧向外噴血，像一條裂縫水管。

突然，漸漸地，爬犁速度慢下來。

最後，一點點停下了。

原來前方是一塊平處。馬停下來的前方，又是一個更陡的崖口，再往前一寸，第二個陡坡又開始了！多虧棗紅馬坐住了坡！

老德叔從爬犁底下鑽出來，再一看，馬雖然站著，但已閉上了眼睛，馬的嘴角淌下一長串血沫，已凍成血條掛在馬脖上。它有些要倒的樣子，但被爬犁轅子架著，特別是被那根橫木刺進身體支著，所以倒不了。

這時，棗紅馬睜開了眼。

那大大的眼，掛著白霜，是那麼明亮。望著老德叔一會兒，突然無力地張開嘴巴「咴——」地叫了一聲，又瞅瞅肚子上橫刺過來的那根木頭。

老德此時已恨透了這根該死的木頭。它是怎麼刺進馬的身體了呢，他此時

來不及細想。他衝到馬爬犁左側，用手拉住那刺木的一頭，眼一閉雙手一用力，只聽「哧溜」的一聲，碗口粗的木頭被老德從棗紅馬的肚子上拔了出來，老德隨手把那根帶著馬體溫的血糊糊的木棒扔進雪窠子裡。

可是再一看馬，肚子兩側碗口粗的窟窿裡噴泉般向外噴著血，爬犁兩旁道上的白雪立刻變成鮮紅，與大自然的白雪形成鮮明的對比。

老德叔趕緊脫下外衣，一撕兩半，塞進馬的傷口中去，企圖堵血。

血不噴了。可依舊從傷口的下端汩汩地淌著。

這時，馬又閉上了眼，彷彿在想什麼。

老德叔心疼馬的同時，他也絕望了。

是啊，這馬傷的也不是時候，也不是地方。再往前不足五里，就該到那條道的岔路口了，如果這堆木頭能拖到那兒，我老德和老馬都不白幹啊！

只要到了那兒，就有人接應了。

可眼下，馬這個樣子，還是救馬要緊。

在這時的林子裡，不會有任何人影，喊呀叫呀，都沒有用。再說他是頭晌的最後一架爬犁，如果等到下晌來人，恐怕馬的血早已淌完了。想到這裡，他毫不猶豫地奔往爬犁後，準備卸木救馬。

可是就在這時，就在老德奔往爬犁後的時候，棗紅馬突然睜開眼，扭過頭來，輕輕地衝他叫了一聲……

老德以為馬是在喚他，趕緊放下斧子奔回到馬的跟前。突然他發現，馬的眼裡淌出兩粒晶瑩的淚花。牲口落淚了！

以前，老德叔聽說過牛馬會哭，可是沒見過。

棗紅馬彷彿和上山前一樣的平靜。它伸出舌頭舔著老德的臉，舌還是那樣潮濕、濕熱，只不過這時它的舌頭上已佈滿血沫！

老德叔愛憐地撫摸著馬頭。他低聲叨咕，老夥計，別急，別怕。你會好的。山下獸醫譚振山手藝高。他一來，你准好……

可是，棗紅馬把嘴巴貼在他的耳朵上，低低的哼哼一聲，彷彿就是從前主

人在夜裡餵牠時的呵呵樂聲！

老德叔覺得，牠對生活該充滿多少留戀和思念啊，牠對這個世界也許還有許多情感要表達，肯定是這樣。這是動物的心。牠長時間和主人相處，牠會是這樣，他懂得。

老德叔又拍拍馬的脖子，盡量安慰牠，並準備繼續奔回到爬犁處，用開山斧砍斷套索，然後扶馬下山找獸醫救治……

可是，就在這時，一件驚天動地的事發生了。

就在老德叔轉身要離開棗紅馬去卸套時，棗紅馬突然張開嘴巴，一口咬住了老德叔的棉襖後脖領子，把他叼了起來。

老德叔還未明白是怎麼回事的時候，棗紅馬突然又一甩頭，拚命把老德叔拋進了雪道旁的林子裡雪地上。

老德以為棗紅馬疼得發瘋了，正要去責備牠時，突然他悟出，自己錯了，完全錯怪了這個啞巴牲口。他彷彿明白了他的馬兒要幹什麼時，一切已經晚了。

這時，他發現棗紅馬扭頭瞅了他一眼，那是深情的一瞥，是一個生命對它留戀的自然的最後一次巡視，目光與牠的對接處，讓一切生命為之震撼啊。看過老德叔，棗紅馬又調正身子，然後揚頭衝著老天長長地叫了一聲。

吠——！

突然，棗紅馬使盡全力向前掙，套索爬犁載著千鈞重量慢慢地移動了。

老德叔從雪地上踉踉蹌蹌爬起來的一瞬間，傷痛的老馬已拖著木堆一個跟頭從雪道的崖口落了下去，只聽「轟隆隆」一串沉悶響聲從山底漸漸遠去，模模糊糊的雪道方向升騰起鋪天蓋地的雪粉雪塊，老林裡又朦朦朧朧了……

老德叔已心疼得站不起來。他哭喊著向雪道上爬去，大聲呼喚著：「兒——呀——」

遙遠的長白山沉寂起來，淚水糊住了老德叔的視線，只有遠林、雪坡，還有林中飄刮不散的雪粉，飄蕩著，飄蕩著，被風吹向遠方。

馬套落入谷底的震響，還在一下下迴盪。

每一次劇烈撞擊聲之後，就有一股濃濃的雪煙就地拔起，整個老林，就像一片茫茫大海，有一條蛟龍在水中翻江倒海，攪起衝天浪花，老林子裡被折騰得天翻地覆，一片昏暗……

但是，那轟隆隆的馬套雪爬的滾落聲，最終還是遠去了。

老林恢復了它方才的樣子。

一切歸於平靜了。

陽光還是那麼明亮，天空還是那麼晴朗。

林海原野山嶺的白雪依然那麼潔白、迷人。

山場出事的消息是在晌午被人猜測到的。

首先是張連吉。張連吉頭一趟爬犁下來，已快到晌午了。他計劃著中午這頓飯在哪吃也是吃，既然趕到窩棚時辰了就在家吃吧。照例，他給老德叔煎了幾個豆包……

豆包是套戶們的「上等」（好的）乾糧。在家也只有年節才能吃上。

今年他家種的黏米多，上山前屋裡的（妻子）特意淘了兩缸米，給他帶了五百豆包。一到幹活累了，他就煎豆包「改善」生活。

那黃黃的黏豆包用油一煎，就上鹹菜條，或蘸上白糖一吃，真是又解餓又解饞。

可是，他把他煎完的豆包吃完了，也不見老德叔的爬犁影子。

第二個猜測到出事的是於文楚。

於文楚本來是倒數第二趟套子，他記得臨下山前和老德叔打個照面，在心中他有一種深深的感應，老德子太恨載，那棵大松樹是兩爬犁能拽下來的嗎？但他又不便多說。因為在山上幹活，各人都有各人的心思。也屬隱私。不能問不能勸。於文楚是在山道上吃午飯。他到楞場卸完套拉著爬犁走到老君石那兒正好是全部里程的四分之一，按這個時間計算，老德子的套子該下來了。

這期間，共有四副套子從另一個場子下來，中間要經過兩條道的會合處，

叫「歸道」。按時間計算，老德叔應該歸道了。

見有爬犁下來，於文楚問：

「大頂子有爬犁歸道嗎？」

夥計們說，沒有啊。

於文楚心下一驚，老德子怎麼還沒到歸道處，他還在山上幹什麼？莫非……

他不敢想下去。

在古老的東北，在長白山裡，人類一代一代地信守著一種古久的習俗，尤其像套戶這樣常年在深山老林子裡從事活路的人，任何事情發展的不吉利的結局，人不願說破。說破，也叫道坡。

這兒的人深信，一件事情如果一旦說了，就會應驗。而需要「說破」時必須說破。但這往往是親人與親人之間，骨肉與骨肉之情，不然，說破了也不准，也不靈。

這是人類對自然崇拜的一種形態。不說破是一種規範又是一種私情，可又是一種必然。誰肯去對一個和自己沒有親屬和血緣關係的人去展示心中的關懷呢，但是他們心底，卻在時時關懷惦記著這件事。

於文楚立刻收起飯包兜，趕快拉著爬犁往山上趕。與此同時，山下窩棚裡的張連吉也收起豆包，對看窩棚的老宋頭說：「走，上山看看去！」

這天，兒子小德子是第五套爬犁從霸王口伐場子下來，在離岔道口快歸道有一里遠的地方，他就看林子上空風吹颳起一片雪霧……

大晴的天，沒下雪呀！

他心底一驚。

呀！難道是有套子跑坡了？

套戶常年在山裡拉套拖木，對林中的自然現象極其敏感。這種晴朗的天兒，如果老林裡騰起雪霧只有三種情況。

一是有大型山野獸路過，如老虎、熊瞎子或野豬什麼的。可如今，山野獸

少了，一年也見不著一兩隻這樣大的野物。

二是有採伐隊在伐樹，倒樹拍起的林中雪煙，久久不散。可是這兒就兩處採伐場，也就是大頂子和霸王口，可這兩處的方位不在這條線上。

三嘛，就是有套子爬犁跑了坡……

跑坡，這是原始老林套幫拖木頭最為可怕的一件事。跑坡，就是說套子在雪道上沒有穩住「吊」（木爬犁上的那根橫桿），牛或馬也沒「坐」住「坡」，於是整載的爬犁沒有控制地滑下山來。

這種跑坡，十有八九，不是人死就是畜亡。

小德子心底一下子涼了。

他簡直不敢想下去了！

因按這個時辰掐算，該從大頂子上下來的只有爹的套索……

而且，那個煙雪升起的方位，正是大頂子和霸王口交叉處的「歸道」口一帶！

駕——！駕駕——！

想到這裡，小德子揮鞭猛催灰兔子奔往歸道口。遠遠地，歸道口在眼前了。

歸道口由於是兩條爬犁道的交會處，所以進山前已由探道和墊道人將這兒加寬了，遠遠看去是一個小台階，足夠兩架爬犁同時走過這一處平地。

臨近歸道口，小德子發現有四根巨大的紅松原木整齊地擺放在歸道口平台上。看樣子，木頭是爹的木頭。因為昨晚爹說過這棵紅松，可是人呢？爬犁呢？馬呢？

小德子覺得不對勁。他把灰兔子喚停下，然後自己飛快地奔了過去。到了木堆跟前他一下子發現，是出事了……

只見那四根巨大的原木根本不是擺放，而是整捆從山上砸下來，因為有套繩緊緊攏著，所以按著衝力下來，恰恰正好垛在那裡，而且原木的底下緊緊壓著的爬犁桿子已粉碎，還有碎鞍和爛套，唯獨不見爹和馬……

突然，小德子發現一根原木下壓著一件血衣，他彎腰拽出來一看，正是爹的那件黃棉襖外衣，而且只剩一半，上面已被鮮血浸透。

其實他不知道，那是馬血，是爹給棗紅馬堵傷洞的……

小德子頭一下子昏了，眼也花了，他傻了。

他抱著血衣對著老林哭叫開了：

「爹！爹你在哪呀？爹你出來吧。爹，爹你不能死啊！家不能沒有你呀！娘不能沒有你呀！爹呀！爹！我不要小蓮啦，我不娶媳婦啦爹呀！爹呀……」

他的哭號那麼悽慘、悲傷。

可是茫茫老林，沒有任何回音，一切都是平平靜靜，安安靜靜，彷彿什麼事也沒發生。哭著哭著，小德子覺得不對勁，爹就是死了也得把屍首找到哇。這時他突然發現，離歸道口五十米遠的地方，雪霧還在慢慢消落，他於是斷定，這準是爬犁跑坡後一下子將什麼甩到那兒去了。於是他不顧一切地跳進道旁的深雪裡，往那一處雪坑奔去。

這時的小德子，與其說是奔過去，不如說是「游」過去。因在冬天的長白山裡，除了爬犁道上雪有二尺深外，老林裡的雪都在沒腰深，人如果跳進去，立刻沒影。所以套戶們管馬進林海叫「馬扎猛子」。

小德子掙扎著來到那處雪坑處，先是見到一根殘碎的爬犁桿子支在外面，上面露出的桿頭上飄著碎套，都是斑斑血跡。他跳下去順著桿子一摸，一下子摸到了馬的圓圓的後部，馬頭和身子已深深地扎進坑底，無法夠到。

小德子心下一緊，先小聲叫了聲「爹」。然後，他大聲地呼喚著「爹！爹爹呀──！」就拚命扒雪，揚雪，哭喚著。

這時，山下的人先後趕到了。

先是於文楚，接著來了張連吉和老宋頭，接著李有義把頭也從另外一處場子趕來了。大夥一看小德子，也劈碴撲碴地跳進雪窠子，向小德子這邊奔來！

「你爹呢？」

「別慌。小德子！」

「俺們來啦……」

大夥說啥的都有。但大夥心底有數，老德子一準沒了，被爬犁垛從山頂甩下山坡，永遠地葬身雪原了。

再說，這樣的事在套戶生涯中也屬常情，奇怪的是怎麼只能摸到馬的屍體，就是不見老德叔的影呢。但是，從小德子一直緊緊攢在手裡的老德子的血衣判斷，他已不在了。

但大夥還是在認真地摳馬尋人，並指望眼前能出現一絲奇蹟。可是奇蹟真的能夠出現嗎？就在大家摳哇，摸呀時，於文楚忽然聽到山上傳來一聲微弱的呼喚：「俺……在……這呢……」

大家尋聲望去，開始什麼也沒發現。

還是張連吉仔細一分辨，這才發現，在雪道的貼雪皮上，正爬著一個人。老德叔是爬下來的！

原來，當時他見棗紅馬傷成這樣，心裡很難過，他從爬犁垛上滾下來幫馬坐坡，腰已傷了一下。後來，馬為了救他，將他叼起，又一下子甩進老林裡，又在石頭上磕了一下。現在，他的左腿已不能動，是骨折了。

小德子聽到父親的聲音，又驚又喜，他簡直不敢相信自己的耳朵，這真是老天有眼啊！

他發狂似的跳著跑了過去，大喊：「爹！爹你可回來啦。俺知道你沒事。你不會有事！」

他奔過去，把爹從雪道上扶起來。

爹問：「俺沒事。馬呢？」

兒子說：「已扎到雪窠子裡，屍骨都爛了……」

老德子抹了把眼淚，說：「兒啊，是馬救了我呀。」

「誰？」

「馬。」

「咱的棗紅馬？」

「嗯哪。」

於是，爹把馬如何救他，如何帶傷拖爬犁坐坡，又如何出其不意地叼起他拋甩到雪道旁的林子裡一事，一五一十地學了一遍。又加了一句，「但到現在我都奇怪，它是怎麼傷的呢？是哪來的木頭一下子穿進了它身子的呢……」

這句話，提醒了於文楚。

他說：「老德子我明白了，我放第三趟套子，剛一下坡，就看見倆麅子在崗上。能不能是它們把木棍子蹬下了山，恰巧這時你的馬套子下來，寸勁兒扎進了馬身？」

老德叔一想，點點頭，認為可能。

但他痛苦。咱的運咋就這麼「背」（不順當）呢，偏偏麅子蹬下的木茬子扎進我的馬身子呢，但同時他又明白，在山上幹套索活，是和大自然打交道，誰知會發生什麼樣意想不到的事呢。

見他傷勢不重，大夥也勸，馬雖然沒了，但你人好好的，這也是緣分。吃個喜吧（值得慶祝一下的意思）。但是人們驚奇不已的是，這堆木頭怎麼擺放得這麼整齊又准當呢？怎麼就一點兒也沒散花呢？怎麼就那麼如願地「運」到了歸道口處的台階上呢？專門想這麼幹，往往也是辦不到的呀。

提起這些，老德叔又哭了。他說，這都是棗紅馬幹的呀。

大夥吃驚，不信。棗紅馬怎麼幹的呢？

老德叔於是說，在山上，在大頂子崖口，棗紅馬舔他，和他說話了。告訴他要為他辦一件事。而且，特別是棗紅馬身負重傷時，還伏在他耳邊，又告訴了他一遍……

大夥不信。說他是想馬想瘋了。

老德叔說，不信你們看看我的耳朵上，是馬伏在俺的耳邊「說話」時沾上去的血。大夥爭先恐後地擁上去，一看，真有馬血，而且已經發乾，變黑了。

世上，真是許多事情永遠難以解釋。

這時，摳馬的人，已把棗紅馬摳出來了。

馬已完全碎了，爛了，只剩骨架和一堆模糊的皮肉⋯⋯

看到人們從雪裡摳出「血馬」，老德叔又哭了，他放聲大哭。這是一種真摯的傷心，為失去他心愛的棗紅套子馬。但是慶幸的是，那六米木材，被馬兒奇蹟般地拖運到了歸道口的平台上，而且還擺放得好好的。是天意呢？還是巧合呢？一切的一切，都不得而知，成為永遠的謎。成為東北套戶久傳不衰的神話。

當天人們默默地抬著馬的屍首來到雪道的邊上，想用爬犁把「它」運下去。

在長白山有一個不成規矩的規矩，就是別讓別的馬看見傷馬或死馬，否則，別的牲口見同類死傷也會傷感⋯⋯這其實也是套戶的品質。

因為在這裡，把巨大原木運下山，光有人的意願是萬萬辦不到的，要靠啞巴牲口去實現。在這種環境裡，人和牲口有一種深深的依賴；人常常站在牲口的角度，去思考人類自己；他們同時也相信，啞巴牲口，也是在為人考慮著⋯⋯

自然是什麼，其實自然就是與人相關聯的存在。也正是因為與人的這種關係，才使得自然本身也蘊藏著非常豐富的生命意義。

而人類的許多習俗規俗，其實也延續著人類對自然生命的探索與發現。

可是，老德子棗紅馬的屍體用誰的爬犁拉呢，想來想去，還得用小德子的灰兔子套子垛去拉。灰兔子本來和棗紅馬就是一對伴，現在由它去拉它的屍體，這不太殘酷了嗎？

於是，大家決定將棗紅馬屍體裹蓋好。大家脫下棉衣，老德叔爺倆扒下身上的所有棉物，這才終於將棗紅馬的屍體裹個嚴嚴實實，抬著奔灰兔子垛爬犁走去。

可是，灰兔子十分不安。

它不停地咴咴叫，回頭來瞅。

人們猜想，它是從棉衣裹著的氣味裡，嗅出了它的同伴的氣味兒。它不可

能安寧。

人們抬著「棗紅馬」靠近歸道口的台階時，才突然發現，從高空疊下的原木，已將厚厚的雪道「啃」出一片泥坑，雪坑中露出山體的新新的泥土，而且，泥土上已開出一片燦爛的「白花」……

多麼意想不到呀！

非常美麗而漂亮的白花。一朵一朵，千奇百態，是一朵一朵地從泥土的小孔裡鑽出的氣泡形成的奇特景觀。

這其實是一種常見的自然現象。冬季，在寒冷的長白山裡，在厚厚的大雪之下，地表以下的泥土是新鮮的，別看鍬鎬挖掘不動，可是當木垛那巨大的衝力從高空射下，多厚的冰雪、泥土也架不住這種強大的「挖掘」，於是地表下深深的土層中的新土層出現了。

新土層本來是不凍的，但它突然閃露在地表上，老林中零下四十度的嚴寒襲擊過來，新土孔縫間的小水珠氣泡立刻被凍炸了。那凍炸的水珠泡，一個個變成一朵朵潔白的小花，開在這寒冷的北方老林裡。

老德叔一見，抽泣起來。

小德子問，爹你哭什麼呢。

爹說，回家再看不見棗紅馬啦，多好多懂事的一匹馬呀，是它救下了爹，它的行為也感動了老天，你看，老天開出白花送馬……

又一個故事在長白山產生，是關於自然挽馬的故事。

這是自然的輓歌。

飄蕩在茫茫的長白山上。

二、亮甸子套幫

那一年，一九四六年冬天，當第一場雪一落下，坐在炕頭上的老年人，一個個從嘴裡拔出煙袋，自言自語地說，該到男人離家的時候啦……

在離長白山丹峰林場二百里遠的套戶屯孫家爐的孫德把頭「騰」一下從炕

上站起來，他聽到了山場子招套戶把頭的鈴聲在街上響，他的渾身的血都在湧動。他推開窗扇和走在土街上的山場子把頭打招呼。

什麼價？

老價不變。一副套先補助四塊。其餘的等木材下山掐套時結清。

價碼開得不低。其實每一個招套的山場子把頭起初價都開得不低。但是這一招騙不了他三輩子套戶世家的孫德套子把頭，他提出先看場子……

看場子，就是先到採伐場去看木頭、看場地、看道路，然後再定妥。山場把頭也按老規矩辦，說好第二天進山去實地看。孫德一走走了三天，他家的炕頭上就沒有離開過開水大碗。

一夥伙的套戶坐在炕上等信兒。

屋裡抽得煙氣繚繞，對面不見人影，土黃煙，蛤蟆頭嗆得耗子在地上直咳嗽；孫德媳婦苞米子、大豆飯、鹹菜條子招待套戶鄉親。這個喊，嫂子，再來一碗；那個叫，弟妹，上幾條鹹菜醬瓜子……

第三天傍黑，丈夫回來了。

一看他臉上那氣色，大夥就知道有門。於是一個一個老「戶」爭著報套，媳婦三蘭在地上拿黃豆粒、綠豆粒「記套」（統計人數）。

套戶們忍不住打聽，山場子咋樣，老孫德喝了一口三蘭遞上來的苦茶，說，亮甸子以南三十八里。道是不近，可材好。一溜的紅松、黃波欏、水曲柳！這一季幹好了，臘月二十之前咱們回家過年……

套戶夥計們一聽，個個樂得嚎嚎叫哇。那是，他老孫德句句說的是實嗑。年歲不大又不小，五十二正在浪頭上，也看不走眼。

許多人已急得在地上炕上掰手指頭，連腳趾頭也算上了，算計掐套後能分多少，能買幾條被面，扯幾件大衫，做幾條棉褲，買幾頂氈帽……

北方的人啊，一代一代地這樣過著。沒大出息。

誰也制止不住他們的興奮、激動。

突然，三蘭在地上喊，不夠，差一副套。

原來，在孫德之前，屯子裡另幾位把頭已組了起來。而一夥套幫最好二十個左右，多了也不好，少了也不好。當然屯裡也有幾副鬆套、懶套想進孫德的套幫，但他說啥也不要。

那是，他孫德不是「草雞」（叫人看不上眼的人），不能因為一條魚，腥了一鍋湯！

「睡覺！睡覺！」孫德喊，「明兒個先往亮甸子送草料，起窩棚。剩下的數，由散套湊！」

一切事物，往往由著自然發展。開初，一切的一切都不自然。一旦發展了，一切又都自然了。這可能是規律，這可能又是巧合，這可能又永遠沒有規律，就是如此這樣。

北方的嚴冬，越來越寒冷了。

雪也整日地飄灑不停。

可是，什麼也阻止不了生存的慾望。

一大早，街口喊散套的就站滿了。

散套，往往是那些沒人要的套戶，不是缺馬就是少驢，再不就是人品不濟，沒人挑。他們喊套完全是碰運氣……

黎明，天嘎嘎冷，小北風颳鼻子刮臉。

丈夫要走了。要離開家，離開她和孩子，奔往寒冷的大山去「玩命」，一大早，三蘭就端著個瓢，去姚家豆腐坊給丈夫取熱大豆腐，給老頭子炒炒，讓他喝兩盅吧。女人對男人的愛往往體現在細微處。男人總結女人對自己的「好」，回頭一看，往往都是一些雞毛蒜皮小事小節，而女人不需要男人任何回報。

天已經漸漸地發白。街口上一夥伙一夥伙的套戶把頭們已領著先期入山送草料、看場子或搭窩鋪的人走來湧去，熱鬧非凡。

在豆腐坊西角處，站著一個老爺子。他穿著一件破皮襖，拄著根棍子，扣在頭上的破氈帽上結滿白霜。看來已出來挺長時間了。

每當過來一個像套戶掌櫃或把頭樣的人，老爺子都拉住人家，說：「把頭，帶俺一副套吧！」

對方一看，說：「就你？」

老頭說：「不。人馬在房後。」

想組套，人馬都不敢出來，顯然是沒能耐。許多把頭連看也不看，哈哈笑著走了過去。老頭一連求了三四伙把頭，也沒人理。

這時，豆腐坊後傳來一個姑娘家的喊聲：「爺，過來避避風吧。」

在姑娘身邊，還站著一個小夥計，他牽著一匹菊花馬，也就十八九歲，站在瑟瑟寒風中發抖。原來，這爺仨是兩戶人家想「組」成一副套。

老爺子土實爺今年八十二了，兒子媳婦當年進城辦商事一走十多年不見影，可扔下一個姑娘土女今年十七，和爺爺生活在一塊。土實爺家有一匹菊花青馬今年一歲半的口，活蹦亂跳地在家待著，冬天也沒活。土實爺家住在離這二十里地遠的王貨郎店屯，當頭場雪一落地，孫女突然異想天開地說：「爺爺，咱也組副套哇？」

王貨郎店屯本是以農業為主的屯，聽說過套戶上山拖木，但沒幹過。不過聽孫女提議，他也活了心。是啊，馬在家一冬天，閒著也閒著。可是，老漢又犯愁了。

老漢對孫女說，你呀，盡冒傻話。誰能牽馬去？是你，還是爺爺我？

誰知孫女說，有人。

有人？一個女孩家？難道她早物色好了？

誰？你說說爺爺聽聽。

於是，老漢問孫女：「他是誰呀，你說說。」

土女說：「常子。」說著，紅著臉，低下了頭。

「是常子？」

爺爺一聽，驚喜得連連點頭。

常子是王貨郎店屯鐵匠常萬山的獨生子。十年前，常萬山給一個人打造了

一桿鐵槍上山打獵，可那人走火打死了一個放牛的，硬說槍造得不夠尺寸。人家有人使上了錢，把常萬山抓進大牢一直押到死，從此媳婦一病不起癱瘓至今。從七八歲起，家裡照料娘的活就成了常子的家常便飯。爹臨死沒留下啥，只留下一座土爐、一把大錘、一個鐵砧子。

從七歲起，常子就跟爹打下手。

爹一死，他就成了王貨郎店屯的「鐵匠」。

可其實，大活他幹不了。只是誰家菜刀鈍了、剪子鏽了、鐮刀厚了，他給開開刃，一來二去，就和村鄰處得挺好。常子長得虎頭虎腦，大個，跟黑塔似的。一小他就和土女常來常往。難怪土女想到了他。

可是，土實爺想到這裡又覺得不可行。人家常子娘就這麼一個兒子，又開著鐵匠爐，能放下爐子組套進山？於是就試探著問孫女，「人家娘能捨得兒子？」

土女說：「你去試試看唄。」

「我試試看？」

「對。」

當天晚上，土實爺抱著試試看的心理走進了常鐵匠的家。

常家鐵匠爐在屯子西頭，土實爺家在東頭，看著八十歲老漢拄著棍子來串門，病在炕上的常子娘一勁兒喊：「快坐下，他土實爺。常子，點煙！」

土實爺說：「她嬸子，不用啦。我帶著。」

於是自己點上煙。

常子娘說：「他土實爺，這麼大的雪，你來是有事呀。有事你就說。」

土實爺說：「也沒啥大事。但，但也算大事。可我不好開口。」

「說吧，咱們一個屯子住著，只要俺能辦到。」

「那俺就說啦？」

土實爺趕緊磕磕煙鍋就說開了。

他把孫女提出的打算一五一十地說了一遍。又加了一句：「不過，這都是

小孩子的打算。她嬸子，要不行，就算俺沒說。」

誰知，只聽常子娘說：「他土實爺，你聽我說，這話真是土女說的？」

土實爺說：「真是。」

常子娘一拍炕沿說：「就這麼定了。」

常子娘對土實爺說，你們家這是「救」了俺們家。常子他一個大小夥子，一輩子守著這套土爐子轉，有什麼出息。我連做夢都想讓他出去闖闖，可沒有機會和靠得住的人。眼下，這不是你們看上了俺孩子，我能不同意嗎。

土實爺說：「可爐子上的活呢？」

常子娘說：「有啥幹的呀，不過是幾把菜刀，幾把剪子。等下山回來也趕趟。」

土實爺簡直不敢相信自己的耳朵，這麼大一件事，一下子就定妥了。

老爺子站起身來一回頭，見孫女和常子倆人已跑到外屋去了。

老爺子畢竟年歲大，他搖了搖頭重又在凳子上坐下，對常子娘說出了心裡話。

常子年齡不小了，土女也該找人家了。土實爺家把馬借給常家組套，常家鐵匠爐封爐，拉人家的馬上山，就是三歲孩子也能看出這兩家的關係。「她嬸子，」土實爺說，「等這一季山下來，咱們就給他倆辦了。不然，好說不好聽啊……」

「是啊是啊。」常子娘說，「可不知孩子們的意思！咳，咱們別管了，孩子都大了。從今個起，咱們封爐！」

常家封爐那天，兩家到一塊兒喝的酒。

菜都是土女炒的。

土女對常子說：「常子哥，你就放心走。家裡，爺爺和娘，都歸我！」

兩個年輕人笑得那麼甜。

爺爺說：「好。從明個起，我領你們去『組套』。咱們乾脆直奔孫家爐。孫家爐是老套戶屯，把頭多，套子弩也講究。」

於是，第二天，他就領著常子、土女，牽上菊花馬來了。組套的把頭都是看人又看馬。

　　可是萬萬沒讓他想到的是，一連三天下來，他的嗓子都喊啞了，硬是沒人「組」他。

　　原來，老爺子雖然活了八十歲，可卻不懂得套戶屯的規矩。這「組套」光在街口喊不行，得有人「引見」，也叫「介紹人」。有了熟人、介紹人，雙方都有個瞭解。二是，光這麼喊，也不是個事，起碼到屯裡找個「引套的」給「領領路」。

　　引套的，在當年的套戶屯已成了一種職業。

　　也有叫「混套的」。這人不組套，專門幹介紹組套的這個活計，他從中收取一定的小費。

　　真是五花八門呀。

　　可這一切，土實爺怎麼懂呢。

　　不用說別的，就連組套要上街口人多的地方，那兒有「套子集」，專門「賣套」這一點，他也不懂，不然他能站在姚家豆腐坊這旮旯一帶嗎？

　　但是，土實爺有土實爺的理由。

　　咱從王貨郎店屯到孫家爐，人生地不熟，再往前靠，人家一看你是外地戶，不趕你才怪呢，所以選擇了豆腐坊牆角處。姜，還是老的辣。

　　可是，已經求了十多個把頭了，硬是沒人搭這個茬，孩子們也在寒風中凍得不行了。

　　這時，三蘭從陶家豆腐坊端豆腐出來，正碰上土實爺又求一夥從南往北走的把頭：「求求你了。俺們是新組的套，兩戶湊一戶。不易呀！收下俺們吧！給多給少，你老照量著辦……」

　　「我照量辦？就你這馬？」

　　那把頭圍著菊花青轉了三圈兒，又抬手捲起馬嘴唇看看齜口，說：「人倒不錯。馬不中。這種牲口到套場，上不去坡呀！」

大夥哈哈笑了。說：「那是！那是！」

把頭又繼續說：「聽說你還是生手。懂木頭嗎……」

常子一愣：「木頭？」

把頭說：「對。就是樹。」

常子：「就是大樹？」

大夥又一頓笑：「還站桿呢。快走吧把頭，別逗他了！」

這夥人哈哈大笑著，走遠了。

三蘭望望這家可憐的組套人，說：「老爺子，組套也沒有你們這種組法，得上那邊道上。那邊人多，都在那邊。」

三蘭端著豆腐回了家。

麻利的女人切上蔥花，給丈夫燙熱老酒端上去，又把熱熱的洗臉水放在炕沿上。

看著丈夫洗臉，她遞過去手巾。於是想起方才的事，就笑著給丈夫講了一遍。又加了一句：「這真是天下少有的傻人！哪有這麼組套的。」

誰知她這麼一說，丈夫愣了。

傻人，傻人實在。民間常說的一句話：傻人好忘己。表面傻，或別人說傻，其實是好人。這種人，其實是打著燈籠也難找的好人，實在人哪。

丈夫從女人手中抽下手巾，一邊擦臉一邊說：「走，領我看看去。」

女人說：「吃完再去吧。」

丈夫說：「這樣好伙子，去晚了看叫別人領去！」

三蘭領著丈夫風風火火直奔陶家豆腐坊。一看，這爺仁正在那裡。

一見來了人，而且像個把頭樣，土實爺上前施了個禮，說：「這位把頭，求你了。給我們組個套吧。我孫子能幹，體格好；馬也不賴，是匹小青子馬。上山一遛准行。至於錢嗎價嗎，你看著給。孩子打小就有這麼個願望，總想上趟山，練練腳，也知道知道啥叫男人……」說著說著，土實爺就差點要給孫德跪下了。

「起來，老爺子！」孫德上前扶起他。

孫德說：「老爺子，就組你這副套啦。」

土實爺簡直不敢相信自己的耳朵。問：「真的嗎，把頭。」

孫德說，真的。一切都是真的。

土實爺從身後拽出孫子和孫女，說，還不快給你把頭爺磕頭，磕呀。

孫德這時走上去，扒開菊花青的眼皮看。說：「這馬好，小青頭子。上山一遛，准出活。」他又抬起馬腿，盯盯蹄窩，用手量了量說：「八寸。真他媽的地道！是好牲口。」接著又問了問草料準備的咋樣了。並定好日子，讓他們臘月初九，拉著爬犁在通往亮甸子的王八炕道口上會齊。

一切，竟然這麼快就定下來了。

爺仨高高興興地就奔回了王貨郎店屯。

一路上，土女和常子緊緊靠著走。別的不說，單是人家孫德把頭那待人的熱乎勁兒，那威風，真叫人佩服得五體投地。爺爺也說：「嗯。一看人家孫把頭那看馬的手藝，就是大把頭樣。大把頭都懂馬。」

土女悄聲對心上人說：「常子哥，學著點。將來你也當一個套戶大把頭！能不能？你說句話呀？」

「嗯。」

「大點聲……」

土女愛憐地掐著心上人的耳朵。

爺爺在一旁扭過臉去，催他們說，快走吧。

菊花馬在常子手裡咴咴地叫著。它樂得放開輕蹄走著方步，甩頭迎著飄飛的雪花，彷彿雪花格外地親切。

歲月，常常給人留出諸多表演空間，人其實每一天都是在填補歲月內容，但內容質量不同。有的人一生留下的內容不會讓歲月留下一點點痕跡，這是因為平時他就沒有努力。努力就是一種付出，有時，包括人的青春和生命。

入山幹套戶是有規矩的。入山三六九，出山二五八，沒吃過肥豬肉，還沒

見過肥豬走嗎？

回到王貨郎店屯，兩家人家一齊籌備常子上山的事情。菊花馬一冬天吃的草料的料袋是巧手的土女縫的，大大的，足夠吃了。按照孫把頭的指定已於頭五天就運到亮甸子山場。土實爺還到鄰屯油坊給菊花馬背來了細料豆餅；常子到木鋪拉來了套戶木爬犁；娘精心給兒子縫補了那頂丈夫留下來的狼皮棉帽子……

這頂黑狼毛皮帽子那是相當好。黑狼是勇敢的狼。

狼都是灰毛和雜毛。這頂黑狼皮帽是丈夫有一年去烏蘭塔拉界打「跑箱」（專門打金銀首飾），當地的一個蒙古族人拋套馬桿子時誤套上了黑狼。

蒙古族人不殺狼。但一旦狼襲擊馬群，他們也打。當時對這匹被套馬桿拖傷的惡狼，是常子爹親手活扒下的皮，蒙古族人送他狼皮，他回來做了一件皮襖和一頂帽子。蹲大獄那年，丈夫披著狼皮襖戴著狼皮帽子走的，死以後妻子去清理屍體，卻只見這頂狼皮帽子了。

女人知道，這是丈夫留給她的唯一信物。

如今，兒子要上山，娘把黑狼皮帽子縫了又縫，是想讓它給兒子抵擋長白山寒冷的風雪嚴寒。

一連幾夜，娘對即將遠行的兒子叮嚀不完。

你是頭一回上山，一定要自己照料自己。

你一定要聽把頭孫大叔的話。

多好的把頭呀。沒人領咱，只有他要咱。

幹活要勤快。別偷懶。勤學手藝，多照料馬，自己做飯……

一切的一切，娘叨咕幾宿了還不放心。

明早，兒子就要遠行。

下晚，兒子對娘說：「娘，我出去一會兒……」

娘說：「別急。也要早點回來！明兒個還要起大早……」

常子一步邁出屋子。

外頭，幾天來紛紛揚揚飄落著的大雪從天黑就停了。月亮已升上來了。

月亮橘黃橘黃的，像一隻圓圓的大橘子掛在湛藍色的夜空，向大地散發著銀白色的光華。四野靜靜默默。一層白的凍霜濃濃地在河面上升起⋯⋯又厚厚地掛在枝條上。

在村口的磚窯磚垛後邊，土女在焦急地等待著常子。

見常子匆匆走來，她一下子撲進他懷裡。

女兒家的小手冰涼，一下塞進男人滾燙的皮襖裡的肉上，同時臉也埋進他的頦下。

不知為什麼，一對一雙的淚，從土女女孩家抹過粉的嫩臉蛋上簌簌流下⋯⋯

常子說：「土女，你哭啦。」

土女抹一下淚，點點頭。

常子說：「不興哭。男人出門！」

土女撒嬌地：「誰是你女人哪。」

重又把臉晃了晃，更深地埋進常子懷裡。土女說：「常子哥，說真的，你這一走，我心裡沒底。要知道，多少人看著咱們。你可要爭氣。可是，山大，林子密，你又是頭一回幹這活，一定要自己照看自己！」

「俺知道啦。」常子摟緊妹子說，「到了年前，我一准拿回錢來。到時，爺爺和娘他們，該會多麼高興呢。你樂不樂？」

土女說：「咋不樂呢。」

但是，土女接著說：「拿著錢拿不著錢，是個小事。我只要你平平安安回來。」

土女說完，突然從褲兜裡掏出一個小手巾。她打開小手巾，裡邊還有一條手絹。她又打開手絹，裡邊是一個紅荷包，鑲著綠邊。

「給你的。」土女說，「想俺時看看。」

常子接過來放在嘴邊親了一下，揣進兜裡。

土女緊緊地勾住常子的脖子，說：「常子哥，明兒個人多，我不一定說啥。可你一定記住，俺——等你——！」

「嗯。」

「娘你儘管放心。我照顧。你一走，我就搬過來住！」

「嗯。」

常子給土女擦著眼角淚珠的時候，土實爺已提著料桶到院子裡給馬填料。菊花青馬兒咻咻地叫了兩聲，使得荒村寒窯背後的一對戀人分了手，戀戀不捨地分了手啊。

生活就是這樣。這是發生在長白山裡套戶中的一個真實故事。他和她都萬萬沒有想到，這竟是她和他的最後一面，而且是一個永生的訣別。

他們都太年輕。他們對生活的美好想得太多，儘管那其實並不是什麼苛求，但是對生活的複雜和自然的嚴酷他們都想得太簡單了呀。

天還沒有亮，通往長白山的條條大道上就擠滿了人，他們一個個拉爬牽馬拖牛，踏上了他們認為能得到金錢的荒寒的大山，去實現夢想。

送別的人一夥又一夥。

多是兒子們出來送爹，也有爹或爺爺出來送兒子或孫子；女人們，大抵是手扶著門框或躲在院裡的杖子縫間，偷偷地流淚……

丈夫，她們心頭指望的人啊……

真正懷念他們的，只有為其生兒育女的妻，那是一種骨肉同另一種骨肉結合而又創造出新的骨肉的肉體。一種無法用語言表達的愛，其實已深深地融合在她們的身體裡、精神裡。

常子一步邁出家院才發現，其實屯子裡有不少像他一樣的人家也組到了套戶，大道上一片安慰和囑咐聲漸漸淡去，最後，只剩下男人們拉著牲口，牲口拖著爬犁，默默地走去，向著億萬年形成的大山走去，去尋求他們的期待和夢想。

在奔往亮甸子的王八炕道口時，常子趕上了在那裡等他的套戶幫隊。

套戶把頭孫德把常子拉過來，對站在一旁的兩個人說：「這是套子把頭五良子，這是爬犁把頭山貴。從我屋裡的三蘭子那論，我還得管爬犁把頭叫聲二舅。今後你得多聽他們的。」

大夥哈哈笑了幾聲。

常子走上來，恭恭敬敬地給五良子和山貴施了個禮，說：「請二位把頭多指點。」

然後大夥就上路了。

孫把頭這組套戶幫隊直到第二天夜裡才趕到亮甸子套戶窩棚地。把頭下令，今晚快睡，明早祭山。

第二天早上祭完山，就要吃「開套飯」。

開套飯，往往是山場子把頭請客，他也來。這是山場和套戶行的規矩，套戶幫不請，山場子把頭也得來，這叫「看望」大家。

這一季，和孫德把頭講下這活的山場子把頭，叫孫守一。此人四十多歲，據說包著好幾個山場子。還聽說，他一個遠房哥哥在綏化鎮上給保長當差，那是一個說話算數的人物。孫德讓孫守一上炕。

窩棚裡的炕，再寬綽也是窄巴。

一張大樹皮上，擺滿了大碗酒，大盆裝上豬肉燉粉條子，就一個菜。

等人都坐好後，孫德端起老酒碗。

孫德說：「咱們這一季，托老把頭的福，就要開套啦。得感謝孫守一把頭，是他把黑頂子這好場子給了咱們！來，先敬他一杯！」

「好說！好說！」

孫守一頭也不抬，一口把酒了下去。

套子頭和爬犁頭還得敬第二碗，可是不知怎麼，孫守一突然跳下炕，說：「老孫，我得走，今兒個我得趕到綏化去。」

孫德說：「怎麼這麼急？有事？」

「也沒啥大事。但也算有點事！我遠房哥哥的兒子結婚，我不能不到哇。

得隨禮呀……」

孫德一聽，一驚愣，但立刻說：「好好！那我就不多留了。不過……」他說著，順兜摸出五塊光洋：「這是一點小心思，你得帶著。」

在這種場合，爬犁頭山貴給大夥一使眼色，大夥立刻明白了，於是你一個，他兩個，又拿出不少，放在山貴的帽頭裡。山貴舉到孫守一面前說：「喜事不像別的。這是大夥的一點兒心意。你拿著……」

孫守一推辭著，「你看看，你看看。好，恭敬不如從命。那我就拿著啦！」說著，他一邊數著光洋，一邊頭也不抬地對孫德說：「老孫德，這些日子你可能找不著我。綏化事完了，我可能上趟哈爾濱。都是人情，那兒孩子他老叔是從前道台府的。人家情大，不走動……」

後來他說什麼，大夥也沒聽清，反正是把他裡倒外斜地扶到了門外等著的爬犁上，走了。

吃完開套飯，收拾完了。孫把頭一揮手，說：「上山。咱們今個就幹一趟，利利索索下來。」

爬犁隊分成兩組。

一組由套子頭五良子領著奔黑頂子；一組由山貴領著奔野麂溝。黑頂子道遠，大約有二十里地，但樹頭好，一溜的紅松；野麂溝近，十六七里地，樹是雜材。

常子跟五良子奔了黑頂子。

頭一天開山也不指望出多少活，平平安安就是順。常子很勤快，不停地向套子頭請教。菊花馬也爭氣，頭一天和別的套子一樣拖下了四米。可是，由於常子頭一回上山拉套子，不知讓馬及時停下，天黑時菊花馬讓「山刺」紮了腳。

其實，這馬紮腳，幹套子活是常事。

山刺，是指爬犁道上的老樹根起皮了。

在山上，其實沒有道，下了雪，爬犁一走就成了道。可是「道」底子上都

是竄來竄去的老樹根，平時圓圓的可有時雪道墊得淺，加上爬犁重載，有時一磨，樹根就出來了。出來了其實也不怕，就怕讓爬犁颳起皮，或發裂，這就叫「山刺」。

這種山刺厲害。有的可以在馬或牛飛快地下坡時，一下子將馬腿穿透，這就叫「馬扎刺」。

這種「刺」，有時能將馬的腿骨穿斷。

有經驗的爬犁頭先驗道。一有這種情況，先「墊道」；就是用砂子或雪，把「山刺」壓上。

有經驗的套子頭，也是時時提醒套子幫，在馬和爬犁飛快下坡時，一定注意坡上的山刺，不然牲口光顧坐坡，來不及看山刺，會毀了牲口的。

其實，這本來是常事。

這一天，山貴他們的野麚溝場子道上，也起了山刺，傷了兩匹馬。

黑頂子這邊，遭山刺的馬就是常子的馬，但不重，就是擦破了腳跟和蹄甲。

治馬被山刺「咬」（扎的意思），套子把頭五良子最有招，一律用火燒熱了烙鐵烤傷口，然後上紅糖消炎。

下晚，他給三匹馬治山刺。

山貴從外面走進窩棚，說：「不順哪。頭一天就漦了三匹馬。」

看窩棚的老朴頭一邊往爐子裡加木頭一邊說：「咳，山貴呀，這叫啥不順？我看這叫正常。咱這人馬套犁，都是新組合……」

提起新組合，山貴一眼看見常子。

常子這頭一天上山，一上一下，腿酸得發麻。回到窩棚他一看爐子上做飯的人多，也騰不出爐眼，就自個兒靠邊先躺下了。

這時山貴看到常子，就來了氣。

他說：「我說咱們咋就不順呢，原來來了這麼個懶巴精。起來！年輕輕的就是不做飯，也不能先歪著哇……」

常子麻溜坐起來，解釋說：「方才我問良子大叔了，他治馬刺，我插不上手！」

山貴不滿地說：「哎呀！你還有理了是不是？這個插不上手，別的就不會幫幹幹？」

常子立刻點點頭，溜下炕，走向窩棚外。

老朴頭說：「你別一驚一乍的。他還是個孩子！」

山貴說：「孩子？孩子就別上山。」

「你是不是看常子不順眼？」

山貴說：「是他媽不順眼！」

山貴說的也是心裡話。當初，孫德總把頭定下這麼個散套人伙，他是不知道。他的觀點是不同意要這樣的伙子，寧可要懶散點、熟點的人。像常子這樣的外地人，他覺得來了容易攪和了套子幫裡的和氣。而心裡也生氣的是，當初要常子，也沒和他說，顯示不了他二把頭的威風。

這時，孫德一推門子從外面走進來，他這一天都去和楞場掌櫃講價錢，安排檢尺等事項。他聽山貴和老朴頭說什麼，就拍打著帽子上的雪說：「說啥呢說啥呢！」

山貴一見是孫德，就說：「說你呢。」

孫德說：「說我壞話。咳，說啥都行啊，誰讓你是我二舅呢。」

老朴頭接過去說：「他埋怨常子不懂事，頭一天就傷了馬！」

孫德說：「馬傷得不重。我方才上五良子跟前看了，治得不錯，明天照樣上山。再者說了，常子這孩子頭一天上山，就和大夥一樣拉下四米，不容易哪！」

「怎麼？你還誇他？」山貴說。

孫德說：「你幹得好，我還誇你呢。」

山貴：「我哪幹得不好？」

孫德：「你好，頭一天就絮了三匹馬腳！」

山貴：「咋樣？你不還是提這事嗎。就這事，我就覺著不順！」

孫德：「怎麼，不順還賴我？」

山貴：「不賴你賴誰？是你領來這麼個外幫人，才帶來不順……」

老朴頭立刻打圓場說：「得得得。都消消氣吃飯。不吵吵行不行？」

孫德說：「就是。你這是肚子疼埋怨灶王爺！」

山貴還要說什麼，被老朴頭拉到一邊。山貴一頭倒在炕上，賭氣似的躺下了。

山風猛烈地吹刮了一宿，大雪也不斷地飄。山場子套戶活怕風不怕雪。一下雪，更出活；一起風，山裡樹枝亂刮亂滾，有危險。所以一連七八天下來，他們這個套幫幹得挺順，拉下不少像樣的原材。

這幾天，孫德天天跑楞場，也沒上山。一天頭晌，在黑頂子山場的把頭五良子跟爬犁下來了，找到大把頭孫德說：「情況不妙哇。黑頂子山場木源有詐！」

有詐，這是行話。

就是指有假。是指被人欺騙了。

當孫德問五良子「詐」在哪，五良子說，頭幾天拉的不錯，可往裡走了約半里地，放的全是橫山倒。

孫德心下一怔。如果真是這樣，後果難以想像。因為橫山倒樹條是最難「串坡」的，拖也拖不出來，歸楞、吊卯子、打枝、截段都不易下手，這不等於要了這夥人的命嗎？

再說，當初孫守一領著他去看場子時，也沒見那麼多「橫山倒」哇。

於是孫德說：「你看清啦？」

「看清啦！」

「這不可能！」

五良子說：「大櫃，你信不實我？」

孫德見五良子說得認真，立刻放下飯碗，說：「走！上去看看。」

當下，二人飯也顧不得吃，直奔了黑頂子。

黑頂子是長白山的一個不大不小的山峰，頂峰海拔八六四米，黑頂子七二○多米，屬於那種水氣好的山場，一溜的紅松、水曲柳，是老「寶」山場子。就是出活出錢。

可是這裡坡太大，溝太深。坡度一大，什麼樣的樹一伐倒，都容易變成「橫山倒」。橫山倒是套戶們最忌諱的一種山場。這種地場，別說給開一般的價，就是給大價、加價，一般的套戶也不敢照量啊，怎麼這事讓孫德幫攤上了呢。

其實，攤上「詐山」也是常事。那往往是山場子把頭和套戶把頭合夥作假，最後坑了套戶；還有的是山場子把頭使計，表面上領套戶把頭看場子，但看的不是一個溝或岔，於是使對方吃虧上當，等明白過來已晚了。因人馬都上了山，安營紮寨蓋窩棚的，不幹也不行了。

這孫德就屬於後一種。

本來，山場子把頭孫守一心中知道這個情。當初，他派到黑頂子伐樹的是他小叔了領人幹的。這夥人是從吉林黃泥河子山場子新來的一幫小「生荒子」（不太會幹山場子活），但又是他小叔子的哥們兒，不幹咋整。

可是，當他知道他小叔子領著這幫傢伙們伐的都成了「橫山倒」，心下不由得一驚。

坡度大的黑頂子，樹頭好，樹種優，他全指望這片林子出錢，可眼下弄成了橫山倒坡子，套戶誰肯拖……

於是孫守一懷著二十分之一的小心來處理這件事。那天，他把孫德領到沙河子鎮上的「君常來」酒店，直灌他個酩酊大醉，才領他上了山口。到了黑頂子，他領著孫德先看半里多地的那片好拖的木場子。孫德當時一看這片，是不錯，他於是想繼續往裡走。可孫守一卻說：「兄弟，你信不實我？」

孫德當時說：「不是。因為這是大夥的事。我不看清，心下沒底。」

孫守一說：「咱倆一筆寫不出兩姓，我能騙你？這麼的吧，你要看也行。

咱們先下山到打獵的張炮那兒歇歇，明個大早，咱們再進去……」

孫守一三說兩說，也就把孫德勸了回來。

孫德當時本想在張炮窩棚裡等到第二天再上去，往裡走走，可記得當時孫守一一個勁兒地保證，並發誓。當時孫德也想，算了吧，看來他也不能「有詐」。再說，一個地面住著，有話今後也還能說。人生在世，兩個山見不了面，兩個人終有見面之日，於是他就下山組套去了。

難道這事真叫俺攤上了？

孫德和五良子一路匆匆爬山。二十里地，他們竟然爬了一個半小時就到了。

這真是心急火燎哇。

到了山頂楞場，五良子領孫德再往裡一走，孫德就愣了。

他「咕咚」一聲就倒在了地上。

果然，情況如五良子說的，這兒可山放的都是橫山倒，大雪厚厚地壓蓋在上面，仔細一看，真難心。

「我──的──天──哪──！」

孫德雙手捂面，嗚嗚地哭開了，像個女人哭喪。

是啊，這二十多戶人家，還有馬什麼的，大夥看著他的面，跟著他，上的山。這些人，這些家口，他可怎麼向他們交代？

再說，他孫德幹這些年套戶把頭，也沒叫人給騙得這麼苦啊。

哭完了，他又大罵：「孫守一你這狗日的，我非找到你，扒了你的皮！」

可是，有什麼辦法呢，合同都和人家簽完了，手印是他孫德親自按上去的。

看把頭哭完了，罵完了，套子把頭五良子去拉他，說：「大哥，起來吧。咋哭咋罵也沒用了。走，咱們回去吧。」

孫德說：「回去我可咋向大夥張口哇……」

他又想坐下去，又被五良子拉起來，說：「那你也不能不活呀！」

孫德說：「這陣哪，我死的心都有！」

五良子說：「你死，問題就解決了？還是想法和山貴他們，和套戶大夥商量商量吧。這就叫攤上了。啞巴吃黃連——有口說不出。」

孫德和五良子回到窩棚，他一頭紮到行李上，嘴上立刻起了三個大泡。

還沒到天黑，亮甸子孫德套幫攤上「詐山」的事就傳遍了。

第二起爬犁套上山也把這事傳給了山貴。野麂溝的爬犁把頭一聽，「叭嚓」就把開山斧掄在樹上，說：「咋樣！我就覺著咱這季一點兒也不順！」

「完了！全都完了！」

「怎麼會這麼二五眼呢？」

「我看，這裡有說道……」

「啥說道？」

「還用問嗎？有錢能使鬼推磨呀。」

大夥說啥的都有。

山貴罵道：「別瞎嗆嗆了。走！下山。還幹什麼幹……」

大夥也急著走，都想下去看個究竟。

於是，野麂溝場子的人在山貴帶領下，有的拉三米，有的拉兩米；有的就拖個一根木頭，呼呼啦啦地下了山。

到了窩棚，大夥才知道一切是真的。

窩棚裡頭一回這麼沉默。

大夥誰也不說話，也不做飯。一個個東一頭西一頭，橫躺豎臥地栽歪在那裡。

窩棚裡一片唉聲嘆氣。

只有老朴頭，在窩棚裡給大夥燒水，來來回回地一碗一碗給大夥端。常子下了炕，問老朴頭：「大叔，我幫你幹點兒啥？」

老朴頭說：「你沒看大夥都在愁勁兒上。啥也勸不了。你幫我做飯吧。也不能不吃飯、不活呀！出了事，就得大夥想辦法。」

於是，常子就到外邊提水，給大夥淘米。

井，是進山時現挖的冰眼，現在已凍得邦邦的。老朴頭用鎬去刨。常子用柳斗子往裡一下，斗子掉井裡了……

窩棚裡，山貴又罵開了：「真他媽憋氣，喝涼水都塞牙。」

孫德忽一下子從炕上坐起來，說：「大夥聽著，我孫德說過的話，到這一季完了，不能讓你們賠上！」

山貴接過去說：「你那是說話呢？」

孫德說：「二舅你聽著，我說的是真話。但咱們現在攤上了，大夥得幫我……」

大夥默不作聲。

但是，大夥知道孫德說的「幫我」的意思，無怪乎就是把黑頂子「橫山倒」摳出來。

可是，誰願意主動去幹？

而且，這是個勞命傷財的事，自個兒的身板，自個兒的馬。在當時，大夥個個想，在這個世上，如果自己不為自己著想，誰也不會為自己著想。

看看大夥誰也不吭聲，孫把頭又說：「套爬犁，我現在就去找他媽孫守一算帳。大夥等我信兒……」

山貴說：「你上哪找他。他不是說上綏化，完了去哈爾濱嗎？」

大夥一聽把頭在想招，也來了精神。

大夥議論說：「對呀！」

這時老朴頭說：「可能回來啦。」

孫德說：「你咋知道？」

老朴頭說：「前個頭晌，你們都上山了，我去拉燒柴，碰上張炮手。他說孫守一根本沒去什麼綏化，而是在野雞甸子木頭房子裡耍錢呢。」

孫德說：「這王八犢子！我現在就去找他算帳。」

山貴說：「把頭，你單個去，行嗎？」

孫德說：「他能把我吃了？」

五良子說：「還是多去幾個人好。孫守一這個人，我總瞅他不咋地道。」

孫德說：「這樣吧。讓常子跟我去。你們大夥這幾天還要好好地幹。弟兄們，如今攤上事啦，就得多幹點兒啦！黑頂子一帶，盡量多帶人去串坡……」

五良子和山貴都說：「把頭你放心去吧。這邊有我們照應。」

外面，常子已套好了爬犁，孫把頭飯也沒吃，二人趕起爬犁直奔野雞甸子而去。

冬夜，長白山裡一片茫茫白雪。天氣寒冷無比。冷風冷雪嗆得人張不開嘴。

就在孫德領著常子去找孫守一講理去時，亮甸子窩棚的套戶幫也在山貴爬犁頭和五良子套子頭的帶領下，大家集中到野鹿溝拉木頭，黑頂子情況，等著孫德談判回來再幹。

為了出活，套幫們一天只吃兩頓飯，早上一頓，幾乎到夜裡才吃那一頓。也都是為了搶時間，挽回點兒損失。

再說，當常子和孫德趕到野雞甸子時，又聽說孫守一上了韓炮手溝賭去了，於是二人又趕往韓炮手溝賭局臥子找他。長白山周邊，光採伐的場子就有幾十處，分別被不少像孫守一這樣的山場子把頭包著。他們每個人都有一定手段，就是人們平常說的那種黑白兩道，對付一個老實巴交的套戶，那真是手拿把掐。

再說，他孫守一早有準備。

當時他把合同騙到手，他就覺得這是大事完成。他不怕孫德找他，他有字據了。

這一天，孫德來到韓炮手溝。

韓炮手溝在長白山東北坡，是個挺大的木場子。這兒南通吉林的琿春，北靠黑龍江的東寧，是個交通發達的地片。即使在當時，也是店鋪一片，南來北往買木頭的老客住滿了山場。更有幾家「靠人的」（妓窯）和幾家「海檯子」（暗

娟），竟然挑起燈籠開了業。

整個韓炮手溝燈火晃晃，一間一間賭堂子裡傳來喝五吆六的叫喊聲。在一個煙氣繚繞的賭場子裡頭，孫德找見了孫守一。

「來了兄弟？」孫守一裝作好像什麼事也沒發生一樣，說，「你先等一會兒。怎麼地我這一輪也得靠下來……」

常子和孫德氣得直咬牙，但沒辦法。

就在他們強挺著耐心等的時候，孫守一手下的幾個打手，嘴裡叼著牙籤，在地上來回走動，不停地和幾個陪著來買木頭的老客們嗑瓜子的女人打口哨，使眼色。

終於，孫守一這輪下來了。

他也嘴裡叼個牙籤。他一邊哼著東北小調，一邊裝著沒事似的走了過來。

一看孫德和常子，他表面熱情地說：「你看你們，咋幹待著，」又對手下的說，「去，給孫把頭和客人叫兩杯冰糖水……」接著，他又裝著關心似的問：「孫把頭，這麼大的雪天，你們找我，一定是有事吧？」

其實，孫德已經氣壞了。

但這時，他強壓怒火，說：「孫守一，我問你，你難道真不知道？」

孫守一問：「什麼事，我知道？」

孫德說：「黑頂子伐場！就半里地好活。剩下全是橫山倒！你他媽拿我不識數，是不是？」

孫守一平靜地說：「咳，這能差多少。好，這麼的吧，我再給你加兩個『扣』（總數再增百分之二的價錢），怎麼樣？」

孫德說：「你這是說話還是放屁？兩個扣，連他媽牛馬套包子都不夠。你把合同拿來，咱們重簽……」

「什麼？孫德，你小子是不是活夠了？合同這玩意兒有重簽的麼？這是咱倆當面鼓對面鑼敲定的！」

孫德說：「當面鼓對面鑼？你那是詐我！」

「哈哈，詐你你也得受……」

「什麼？」

孫德再也控制不住自己，他上去一把去揪孫守一的脖領子，可還沒等他的手夠著人家孫守一，始終跟在他一邊的兩個打手幾拳幾腳就把孫德踢倒在地。常子喊：「你們怎麼打人！」他剛往前走，那兩個傢伙只一拳，就把常子打了個滿臉花。常子也不示弱，和他們撕打在一起。賭房裡頓時亂成一團。桌凳亂響，驚叫四起。

這時，賭場老闆去喊來了保警。

兩個保警持槍衝進屋來，大喊：「都給我停下。是什麼人搗亂本地治安？」

孫守一抹了一把臉上的茶水葉子，說：「簽了合同，他們不算數！來搗亂。」保警問：「簽有合同嗎？」

孫守一說：「有。」他展開合同給保警看。

孫德上去搶合同，又被孫守一的打手們打了一頓。

保警不分青紅皂白責備孫德說：「簽了合同還鬧什麼鬧？走！走走。不走我捆了你們倆。」

屋裡人也跟著起鬨：「是啊！開始，俺們孫把頭還準備給他讓兩分利，可他不識抬舉，還鬧，還要……」

這裡的人，都是向著山場子把頭的，誰肯對套戶說一句公平話呀。

於是，保警二話不說，就是攆孫德和常子快走。

常子扶著孫德走出賭房，把頭又嗚嗚地哭開了。

「老天啊……這是什麼世道……」

常子抹著臉上的血，也才第一次嘗到了人間風風雨雨的滋味呀。

無奈，他把孫大叔扶上爬犁，又往亮甸子窩棚套戶地趕去，可孫德直覺著胸疼，上不來氣。

第二天晚上，爬犁拖著孫德回到了駐地。

當大夥聽說孫把頭不但沒討回公道反而讓人家打折了兩根肋條，又都洩了氣。

看看再沒有指望了，大夥都哭了。

那是一個個男子漢，抱在一團，哭。

自古男兒有淚不輕彈。可是如今，亮甸子套戶幫，大家傷心透了。因為這意味著這一季白幹不說還得搭馬料費。男人將對不起家口，對不起女人，甚至對不起祖上。

第二天早上，竟有兩伙子套子不辭而別。

人家走了，誰也沒法攔呀。

也不能攔。人家這叫想開了。因為等的時間越長，賠得越多。還不如現在回去再組別伙的套，興許能掙上。

這天白天，窩棚裡的人都上山了，就剩下常子在持護肋條被打折的孫德。

當老朴頭出去砍桦子的時候常子對孫德說：「大叔，你救了俺，就成了俺的恩人了，爺爺和娘都告訴我，一定要報答你和這個套幫的恩情。你說說看，現在咱們還有什麼法子挽救嗎？」

孫德又落淚了。他說：「孩子，別說什麼恩不恩了。這次，咱們是賠了。是大叔把你領進了火坑……」

「不。恩永遠是恩！」

「咳，要說挽救，只有一個法……」

「什麼辦法，你說說看。」

「上黑頂子，串坡。」

可是眼下，難就難在那一根根橫山倒無法串，不但費時，一旦有一點兒閃失，將會人毀牲亡。

但是，常子明白，這是唯一的活路。

孫德也知道，只有這樣，也才能穩住人心。

孫德想了想，說：「但是孩子，那活太危險，我不能讓你上去。等大叔回

鎮裡，養兩天身子骨，回來後，咱們再想辦法。」

於是，第二天，孫德被一個獵戶爬犁拉著，回去治病去了。在常子心中，他已暗暗下了一個決心。

這天夜裡，睡在窩棚一角的常子，慢慢地爬到了套子把頭五良子的被窩，悄悄地說：「大叔，俺想上黑頂子。」

五良子一愣：「你想去幹啥？」

常子說：「串坡。」

五良子翻身坐起，一把將他抱住。

五良子說：「好孩子！大叔我和你一塊兒去……」

原來，自從黑頂子被人詐了場子後，那兒就冷清起來。套戶伙子們都到野鹿溝搶活，那兒再也沒人去了。現在，常子提出去那裡，五良子明白孩子的心意。他是想幫把頭挽回敗局。

是啊，孫德把頭也不是故意的。

都一個水土住著，誰能知道吃虧硬上當，再說，孫德也不是那種暗中自個兒得好處坑大夥的人。眼下五良子特別佩服常子的原因是他在套戶極其困難的境地要去挽救這種局面，而且在不少人張羅紛紛要下山回家的情況下，他要上黑頂子串坡，這孩子講義氣，有出息。

為了不耽誤別人睡覺，當下五良子把老朴頭叫到窩棚外，說：「老朴頭，你給我和常子準備十幾天的米……」

「你們要上哪兒去？」

「上黑頂子。」

「不是不上黑頂子幹了嗎？」

「得去。去串坡。」

「就你們倆？」

「對。」

「多喊幾個人唄……」

「咳！能多來幾個就好啦。可是，人，都有私心。你沒聽把頭叩咕了好幾回，可是誰也不應聲嘛！」

老朴頭也落淚了。他說：「五良子，你也算是個有良心的人哪！其實，他孫德也不易。他為啥讓人打折兩根肋條，不也是為著大夥！」

「這個事，要保密。就說我倆上別的場子找活幹去啦！」五良子說，「你偷偷告訴山貴一聲。」

「咳，這種密能保住嗎？早晚有人知道。一些打獵的獵戶經常上黑頂子。好，我保保試試。不過，你們可一定注意，上山冷啊！」

就這樣，當天夜裡，五良子和常子拉上爬犁，帶上糧油，悄悄地消失了。

這幾天，不斷有套戶爬犁離開亮甸子套幫，上別的套幫找活去了。所以誰走，也引不起人們的注意。大夥心都散了。

有一天，山貴走了，說是進城辦事。

這天，孫德正躺在自家炕上，一個老旱醫給他換完藥剛走，山貴就推門走了進來。

孫德一愣，說：「二舅，你咋來啦？」

山貴說：「來看看你。」

說著，還遞上兩包爐果。

孫德問了問山場子上的情況，聽說又走了幾戶，心裡也很傷心。突然山貴說：「我有一件事，得外甥女去辦⋯⋯」

「什麼事？」

「說起來也不是啥大事。常子的菊花馬昨天擦傷了，想讓三蘭去常子家捎個信，讓馬的主人土女給山上送點消炎藥⋯⋯」

孫德說：「還非得讓她去幹啥？這不你已下來了嗎。趕明兒個回去，一捎一帶不就行了嘛！」

山貴說：「把頭，你不知道，還有一個原因。」

「什麼原因？你就直說。」

山貴只好說出實情。原來，自從他們這伙套幫上了山，就一直沒消停過，總出事。今兒個傷馬，明兒個傷人。而且還攤上了黑頂子被詐的事。特別是在孫德把頭走後，山場子上人心不穩，木幫幹活，就怕心不穩。越不穩越出事。所以木幫當中有一種說法，說這是讓狐狸精串了邪氣。

　　為了去掉這種邪氣，只有找到一個女人，由男人摸她一把，惹怒她，讓她罵上幾句，據說邪氣便可去掉，財運才會到來。

　　可是，山裡沒有女人。

　　再說，山窩棚裡也不能去女人，這都是不吉利的事。想來想去，只有讓常子的女人出面，在離亮旬子十二里的一撮營參站等著，再由常子去取藥，然後惹怒她，讓她罵上幾句，於是整個亮旬子套幫就會從此去掉邪氣，帶來順氣。

　　說完了打算，山貴又加了一句：「把頭，這可是經常子同意的。」

　　孫德一聽就來了氣，說：「簡直是胡來。有這麼辦事的嗎？」

　　山貴說：「信不信由你。反正我把話告訴你了！如今山上大夥人心渙散，不用這招攏攏人心，還有什麼招？再說，常子也想和家人見見面！」

　　孫德在炕上沉默了半晌。

　　他想，山貴也是為了整個套幫的前程才想出這麼個主意，不然也沒別的辦法。既然常子已同意了，就試試吧，也許就能見效。

　　於是他「唉」了一聲，點點頭，算是同意了。

　　寒冷的夜晚又降臨到黑頂子山頭。山是每增加百米高氣溫就下降五度，更何況這是在嚴寒的冬季。

　　常子和套子頭五良子大叔緊緊地依偎在一起，他們躺在臨時搭架起的山窩棚裡。

　　為了節省下山的時間抓緊串坡，他們倆在山窪的一塊平地上壓了一個小窩棚，菊花馬和五良子大叔的灰馬也靠在一起。

　　老林裡萬般寂寞，苦寒無比。

　　冬夜，暴風雪一起，林子裡充滿了恐懼。喔喔響的風雪就像一個老妖怪，

在林子裡四處奔走。時而，大風把萬年的大樹吹倒，林子裡傳出轟隆隆的響聲。

有的晚上，卻又月朗星明。

可是，那壓在樹枝上的雪層有時也會把樹枝壓斷，老林裡傳出「咔咔」的可怕的斷裂聲。

菊花馬和灰馬真能幹。五天下來，他們倆已「抽」出幾十米的木頭，就差「串」到坡口了。

這幾天，常子和良子把頭的臉都凍爛了。

人臉一凍爛，像大醬一樣……

月兒明亮的夜晚，常子常常摟著菊花青的脖子，低聲親上一口，說：「土妹！」

菊花馬也似懂事兒，這時往往用結滿白霜的嘴碰碰常子，並揚起頭，衝著遠方哎哎地叫上兩聲。

五良子大叔看著常子已成了一個套戶成手，心裡特別樂。他常對常子說，咱倆串的這些木頭，一定會給把頭一個驚喜，讓大夥也驚喜，使提前走的那些人後悔，誰讓他們一遇到難處就離開大夥。

常子說，「大叔，再累再冷，俺也知足。俺終於能為把頭、為咱們這個套子幫做點兒什麼啦。」

一晃，常子離家近二十天了。

常子走後，土女就搬到了常家。

常子娘對土女給她的照顧，萬分感激，心想，多好的丫頭，要能娶到家，是常家幾輩子的福分哪。而土女呢，也覺得常子娘親切、可人，她甚至想喊上一聲娘……但是，等吧，等到臘月，心上人回來，他們就辦喜事，她和爺爺都搬過來，兩家真正地成為一家。

這一天，土女正要去街口買粉條。

一出院，碰上了三蘭。

三蘭說：「丫頭，你還認識我嗎？」

土女說：「哎呀，這不是孫大嬸嗎？咋能忘呢。我們的恩人哪！」

三蘭說：「想不想你的常子哥？」

土女臉兒紅了，低下了頭。

三蘭說：「要想，你就上去一趟！」

土女抬起臉，突然問：「怎麼？出什麼事了嗎？」

三蘭怕對方誤會了，趕忙地說：「沒什麼事。你家的菊花馬擦傷了點兒皮。常子想讓你給馬送點消炎藥去……」

「啊？」土女忙問，「他人怎麼樣？」

三蘭忙說：「他人一點事也沒有。你抓緊動身吧。明兒個我領你去。你在一撮營和常子見面，女人是不許進山的。」

土女說：「好好，我這就去辦。」

「先別告訴老人，看他們惦記！明兒個我在孫家爐等你。」說完，三蘭就走了。

土女下晌就去鎮子上的獸醫鋪買來了消炎藥，又給常子媽做了三天的飯。說：「大嬸，這兩天爺爺的一個老朋友有病了，讓我去看看。過個一半天的，俺就回來了。」

第二天一大早，三蘭和土女各騎著一頭驢直奔亮甸子山裡去了。

再說山貴。自從山上總不順當，他心下就犯了嘀咕，難道真就有狐狸精的邪氣沖了山場幫？可是，上哪找女人「沖一沖」呢。於是，他想到了常子的女人。

可是，人家女人還沒進門，這樣幹，是不是有點兒太損了？

可是，不這樣咋辦呢？

再說，也只是挨頓罵。沖沖邪氣，興許今後他們這幫套戶的命運就會好起來。等事情辦完，再詳細告訴常子也不遲。就這樣，他把一切步驟都安排妥當。

這天下晌，三蘭領土女來到一撮營。

因山貴已和孫德說好，讓土女和常子在一撮營馬家大車店房後相見，三蘭不能去。於是下晌，三蘭在一撮營一家雜貨鋪裡等她，土女拎著藥包就去了。

遠遠地，她見一個人站在房後。

土女小飛鴿似的趕了上去，叫道：「常子哥，可想死人啦……」

到跟前一扒拉那人，不是。土女造個大紅臉。

那人轉過頭來，是山貴。

山貴說：「妹子，不認識俺吧？俺是亮甸子套幫的，特來取馬藥。」他接過馬的消炎藥。

土女說：「他人呢？」

山貴說：「他忙，下不了山。讓俺代他來取。」

土女：「怎麼？他也傷了嗎？」

山貴：「沒。他沒事。」

土女：「為啥他不能來呢？」

山貴：「他讓俺代替他。」

山貴又說：「代替他你懂嗎？」

土女說：「不是代替他取藥嗎？」

山貴樂了，說：「不光取藥……」

土女說：「那你……」

山貴：「我還要娶（取）你人！這是常子吩咐的！」

說著，山貴撲上來，向一個手無寸鐵的姑娘動手動腳。

土女一看不好，撒腿就跑，並大罵，你這個不要臉的，你這個畜生……

可是，山貴卻停了下來，只是衝天哈哈大笑。然後，山貴匆匆忙忙地走了，奔向那充滿恢復希望的山間。

土女眼睛紅紅地回到雜貨店。三蘭故意問她怎麼了，她說是風吹的。於是二人飯也沒吃，急忙上驢，又往孫家爐趕路。

山貴連夜趕到了亮甸子窩棚。

一進窩棚，他就喜滋滋的。山上爬犁還沒下來。

他對老朴頭說：「討來彩啦！討來彩啦！」

討彩，就是「討罵」。這是山裡的行話。也叫討「晦氣」。

老朴頭正忙著燒爐子，問：「誰的晦氣？」

山貴說：「常子女人的。」

老朴頭停下手裡的活，愣愣地盯著他。又問：「誰的女人？」

「常子的。」

「人家常子女人不是還沒娶進來嗎？」

「訂婚的也算。」

「咳！你們太損啦。山貴呀山貴，你想想，人家孩子冒死去黑頂子串坡，你卻去害人家女人。你他媽還是個人嗎？」

「啊？常子去串坡？」

山貴也驚愕了。

先前，當老朴頭含糊其辭地向他說常子走了，他也沒聽清常子是上哪兒。他以為常子是去別的套幫謀生了，於是才想了這麼個損主意。現在聽窩棚把頭一說，想想自己做的事，覺得是有點兒對不起人家常子。

但是，山貴嘴硬。

他說：「那有啥！不也是為了伙子嗎。」

「為了伙子為了伙子，」老朴頭嘟囔著，「都那麼說。可是，誰冒命去黑頂子了？串坡是那麼容易的嗎？人家常子才有真正的人品哪……」

山貴想想，二話沒說，回身躺下了。

下晚，野麿溝的爬犁伙子們回來了。

夥計們不知常子和五良子上黑頂子的事，一勁兒問山貴：「把頭，討來『彩』了嗎？」

可是，山貴一聲不吱，睡了似的。

第二天早上，山貴對大夥說，「你們先上野麠溝。我今兒個去黑頂子。」

大夥說：「你去黑頂子幹啥？」

山貴說：「俺先探探道。」

大夥說：「要幹咋的？要幹也得外僱人。不然給多少錢沒人敢去照量。」

山貴什麼也沒說，一個人背著鋸和斧子往山頂走去了。

冬月，冒煙的風雪在山山溝溝裡奔跑，滾動。就是在大白天，山林裡也朦朦朧朧的。

那是一種原色的荒涼，沒有人跡。

而且，越往上走越沒有道路，只有風雪掃出的光光的雪原，看上去那麼平坦……

太陽大概已升起一竿子高時，山貴爬上了黑頂子的第一個道口。他看到已經伐整好的紅松原木，山一樣堆在那兒。可能因為幹活熱了，常子的那頂黑色的狼皮帽子，扔在木頭堆上……

山貴一陣心酸。

他在木堆上坐下。喘著氣，他心裡難過而痛苦著。他覺得他對不起常子。一個多好的孩子呀，一個真正的山林套戶，自己不如。

這時，山裡傳來「吭吭」的大斧吹樹聲。

山貴尋聲望去，林子裡朦朦朧朧。

他站起來，也蹚著深雪往老林的深處走去了。

土女回到家，她病了。

爺爺問她怎麼了，她說自己遭涼了。爺爺讓她去常子家看看常子媽，她說不去了，不關她的事。爺爺實在沒招，就雇了一個老太太，專門給常子媽做飯。

可是常子媽實在納悶，這丫頭咋的了？

於是常子媽病了，病得挺重的。

林子裡，山貴深一腳淺一腳地往裡走。

那些橫山倒大樹，把林子裡架起一座座一房高的大坑，人每前進一步，都十分危險、艱難。當山貴費盡周折奔過去時，眼前的景象讓他驚呆了……

一個人不人鬼不鬼的東西，掄著大斧在砍著倒樹上的枝條，身上的所有衣裳都露著肉和棉花，臉像大醬一樣一片黑色！

「常子兄弟──！」

山貴一步撲上去，把孩子緊緊地摟在懷裡。

這時，山貴又看見旁邊的一棵木樹下，生病的五良子把頭倒在那裡，已病得奄奄一息，像一堆破爛堆在那裡。

在孫家爐套戶屯孫德把頭家，老旱醫給他又換上一回藥。他問醫生：「還得幾天？」

醫生說：「你這叫傷筋動骨。但我的藥好，保你七天後上山。」

孫德說：「不行。」

醫生：「那你也得後天！」

孫德：「就明天。山上，一幫子人等俺！」

醫生搖搖頭。又說好好好。

是啊，他再也待不下去了。他一天一個惡夢。也不知山貴討彩討晦氣解不解決事；也不知他走以後，有沒有人上黑頂子；而更讓孫德不安的是，他聽三蘭的一個親戚說，土女不給常子娘做飯了……

一切事，像火一樣燃燒著他的心。一切事，都是因他而起。他應承擔這種種可能出現的後果呀。

第二天天不亮，孫德給土女留下一封信，解釋山貴的行為，求她諒解。還留下一些錢，讓她交給常子娘。這一切事，他是交給妻子三蘭辦。然後，他騎上一頭驢，急急地趕往老山場。

這一夜，黑頂子又颳起大風雪了。

山場上，常子和山貴兩人回到窩棚，見五良子大叔已經燒得不行。常子說：「山貴大叔，良子大叔他病得不輕，你把他送下山吧。」

山貴想想，說：「你送去吧。」

常子說：「還是你送吧。這些天，我在山上已幹熟了。也知道哪兒下得去腳，哪兒下不去腳。」

山貴想想也是。

於是說：「兄弟，那我就先背五良子把頭下去。正好也組織野鷹溝的人，明後天也上來。山口串出的木頭不少啦！不運也擋道。以後越來越不好運……」

常子笑笑，說：「嗯。」

山貴又說：「兄弟，有一件事，我想對你說。」

「什麼事？」

「你會不會罵我？」

「什麼事？」

山貴又猶豫了一會兒，這才遲疑地說：「你真的不恨我？」

「大叔，你說吧。」

於是，山貴壯了壯膽，就把自己如何的打算，如何騙土女上山，如何又惹了土女的事，一五一十地學上一遍。又加了句，「真的，這都是真的。」

常子一聽，樂了。常子說：「大叔！你騙誰呀？這不可能。這不是咱們這夥人幹的事！不能！」

山貴說：「能，常子。真能！咱們就這規矩。」

常子：「不能。我不信……」

山貴傻了一樣。張大著嘴，瞅著對方。

還是常子勸他，「快下山吧。天有點發陰，可能暴風雪又要起了。」山貴不希望是這話，他希望得到罵。

於是，山貴背著五良子大叔走出山頂的破窩棚。

山貴是在傍天黑時，回到山下窩棚的。一見套子把頭病成這樣，老朴頭也有些擔心常子，就問山貴：「常子咋樣？」

山貴告訴老朴頭，常子也累壞了。幹了不少活，串出來山一樣的木頭。明天高低得把他帶下山，別累壞了。再說，山上木頭太多，也得去爬犁往下拖了。

老朴頭啥也沒說，只是眼睛紅紅的。他趕緊給套子把頭五良子熬薑湯，預備著給他退退火。

這時，黑魔溝山場上的爬犁都下來了。

大夥一見山貴，都又驚又喜。說：「把頭，怎麼樣？摸到晦氣了嗎？有沒有希望？摸的是誰呀？」

山貴一聲不發。

老朴頭說：「別問了，五良子把頭病得挺重。」

大夥問：「他咋病成這樣？」

老朴頭說：「他是累的，加上凍！」

大夥有的問：「他咋造成這樣呢。」

山貴再也忍不住了。他大聲喊道：「別他媽的問啦，都是你們出的爛主意。」於是，山貴把常子還在黑頂子山上串坡的事說了一遍。又加了一句：「唉！人心都是肉長的。是我害了常子呀……」

這時，在發燒中的五良子，斷斷續續地說：「現在，說啥也沒用。趁著大夥都在，商量商量明天趕緊進山。把常子換下來，把山上串完坡的木頭拉下來吧……」

啊！黑頂子木頭串完坡那麼多，這一下可真發了。不少人眼睛冒火，一個個躍躍欲試，恨不得馬上就走。

就在這時，一股風雪刮進來，是孫德把頭推門走進來。

他披著一身的雪花，風塵僕僕。

見大家都瞅他發愣，就不好意思地說：「兄弟們，我在家待的時間太長了，讓你們大家受累了。下一步，下一步我領你們去黑頂子。咱們無論如何也得……」

山貴接過去說：「無論啥呀！人家常子和五良子大叔已經串完坡了。」

「什麼？」孫德問了一句。

老朴頭說：「是啊。你前腳進城，他們兩個人就商量上黑頂子，不讓我告訴大夥，就是怕大夥都牽扯進去。」

孫德驚問：「啊？他們人呢？」

老朴頭一指炕角：「那不，累得已不行了。」

孫德急忙奔過去。他摸摸五良子的頭，眼淚掉下來了。他說：「兄弟，都是俺辦的這混蛋的事，讓弟兄們跟著受苦、受累、遭罪。常子呢？怎麼不見常子？常子？」

山貴說：「他怕活幹不完，還在山上！」

孫德問：「怎麼，不換他下來？」

老朴頭說：「他不讓告訴大夥。」

山貴說：「也是等你回來定奪。」

「咳！」

孫德一跺腳，急忙往外闖。

可是一推門，一股強大的暴風雪帶著雪粒子又把他抽了回來，門一下子被刮得又狠狠地關上了。大夥上去扶起他。

老朴頭說：「大櫃，急也沒用。這天兒，山道上根本走不了人啦。常子在山窩棚裡，反而不會有什麼事。這樣吧，明天咱們上去，把常子替下來，把木頭拖下來吧。」

孫德只好走回來在炕沿上坐下。

大家都沉默了。沉默地想著什麼。沉默地聽著窩棚外一陣緊似一陣的狂暴的風雪在吹刮。暴風雪打著呼哨，嗷嗷叫，刮得幾匹馬也站不住，咴咴地叫起來。一些人跑出去，拴馬繩，或者給馬蓋些什麼。窩棚的裡裡外外一片忙亂……

大家就這麼坐著，你瞅我，我瞅你。

許久許久，孫德打了個唉聲。

孫德像是對自己，又像是對大家：

「想想吧。其實一開始從打選他入套，組他來，我就覺得傻人實在。我知道他好忘己，忘掉自己。我也沒和你們說，這也許就是我的錯。我要說了，你們也不一定要這個人。我們等於得了一面寶鏡，照照自己吧。連我，大家都照照吧。」

大家誰也不出聲。只是聽著，沉默著。

風雪刮了一宿，大家都睜著眼坐了一宿。

天剛麻麻亮，孫德喊：「上山——！」

所有爬犁套，拉成一隊直奔黑頂子而去。

天漸漸亮時，天空反而晴了。這時節，常子已早早地起來了，他知道今天爬犁隊要上來拖木頭，一大早就起來打掃雪道。他牽著菊花馬，馬拉著爬犁，爬犁上有個大筐，裡面是一些沙土，他在黑頂子的高台道口下墊道……

高台上，堆得山一樣的原木，在太陽的照耀下，像一座雄偉的城門，散發出金色的白光，絢麗無比。「城門」下，是渺小的常子，他拉馬在墊道。

可是轉瞬間，山間又起了風。天還是晴朗。

人們在孫德的帶領下，急急往山上趕。當離山頂還有約一里遠的時候，人們可以清晰地看見常子、馬和爬犁，還有木垛……

孫德想，那不是常子嗎，他在墊道。

人們又走了半里時，看得更清楚了，常子也看見大夥了。看見大夥來人，也挺樂。他，這時是臉向大家，背對著木垛的。

突然間，走在前面的孫德，發現木垛在山風的猛刮下開始傾斜，傾斜，他傻了，嚇傻了。這時，他發現常子回頭看木垛。是呀，常子肯定已聽到木垛倒前的「叫楂」聲了。他發現，常子使勁兒地踢了牲口一腳，菊花青一竄就跳離雪道竄上了林子，與此同時，木垛就像在弓上的一支老箭，頂上的那棵足有一米粗的老木，對準常子的後背就射了下來……

沒有一丁點聲息，孫德發現常子被粉碎得細細的，一點點消失殆盡，只有他爹給他留下的，他娘給他帶來的那頂黑色的狼皮帽子，輕飄飄地飛起來，飄向天空。

　　有一種雪沫飄起來，升起來。但顏色已不潔白，而是粉紅色的細沫沫。天空濛濛地飄刮著這東西……

　　許久，轟隆隆的聲音才傳來，那是木垛倒下時引起的雪崩。大家急忙跳到雪道兩側躲避，可是還是被雪堆壓了個嚴嚴實實。

　　又過了許久，外部一切都平靜了，天也晴朗了，一切又和從前一樣了，還是那銀白而平靜的長白山。

　　後來，這幫套發財了，黑頂子木材讓他們發個透，賣了大價錢。那些先前下山的人十分後悔自己的行為。

　　孫德在山坡上撿起了那頂黑色的狼皮帽子，臘月二十二大夥下山那天，他帶頭往帽兜子裡扔下他這次掙下的大洋的一半，山貴也扔，五良子也扔，大夥沒有不扔的。孫德牽著菊花馬，捧著這頂狼皮帽子直奔了山下。

　　……

　　可是後來聽說，他這些東西都沒有主了。原來自從土女離開了常子娘，常子娘一上火，幾天就沒了。土妹的爺爺也一上火，幾天也沒了。土女也沒了。有人說她瘋了，一直朝山裡走，直奔長白山。

　　長白山被風雪和傳說包圍起來，一年年地包圍著。那風那雪，整日朦朦朧朧……

　　誰也看不清它的面目了。

　　越看不清，對它的記憶越是淡漠。最後，就什麼也記不起來了。

　　彷彿，這裡只有寒冷的風雪，日夜吹刮，飄飛。

吉林文庫 A0703B05

長白山森林文化　上冊

主　　編　曹保明
版權策畫　李　鋒
責任編輯　楊家瑜

發 行 人　陳滿銘
總 經 理　梁錦興
總 編 輯　陳滿銘
副總編輯　張晏瑞
編 輯 所　萬卷樓圖書股份有限公司
排　　版　菩薩蠻數位文化有限公司
印　　刷　維中科技有限公司
封面設計　菩薩蠻數位文化有限公司

出　　版　昌明文化有限公司
桃園市龜山區中原街 32 號
電話 (02)23216565
發　　行　萬卷樓圖書股份有限公司
臺北市羅斯福路二段 41 號 6 樓之 3
電話 (02)23216565
傳真 (02)23218698
電郵 SERVICE@WANJUAN.COM.TW
大陸經銷　廈門外圖臺灣書店有限公司
　　　電郵 JKB188@188.COM

ISBN 978-986-496-305-8

2018 年 1 月初版

定價：新臺幣 340 元

如何購買本書：
1. 轉帳購書，請透過以下帳戶
　　合作金庫銀行 古亭分行
　　戶名：萬卷樓圖書股份有限公司
　　帳號：0877717092596
2. 網路購書，請透過萬卷樓網站
　　網址 WWW.WANJUAN.COM.TW
大量購書，請直接聯繫我們，將有專人為您
服務。客服：(02)23216565 分機 610

如有缺頁、破損或裝訂錯誤，請寄回更換
版權所有·翻印必究
Copyright©2016 by WanJuanLou Books CO., Ltd.
All Right Reserved　　　**Printed in Taiwan**

國家圖書館出版品預行編目資料

長白山森林文化 / 曹保明主編.-- 初版.-- 桃
園市：昌明文化出版；臺北市：萬卷樓發
行, 2018.01
　　冊；　　公分
ISBN 978-986-496-305-8(上冊：平裝). --
1.森林　2.文化研究　3.長白山
683.42　　　　　　　　　　107002198

本著作物經廈門墨客知識產權代理有限公司代理，由時代文藝出版社授權萬卷樓圖書
股份有限公司出版、發行中文繁體字版版權。
本書為金門大學華語文學系產學合作成果。　　　　校對：劉懿心